마음을 나누는 밥상,
함께 먹어요

한식, 맛있는 이야기

명진, 소요, 심윤수, 온아,
읽고 걷는 최선화, 전지적 아아

한식, 맛있는 이야기

차례

6   프롤로그

8   보글보글 마음 한 그릇
28   내가 사랑한 두 남자가 생각나는 음식
40   먹거리, 볼거리 그리고 생각거리
54   밥상 위의 소중한 것
76   밥집 ; 소.소.반(愫. 疏. 盤)
94   익숙한 음식의 숨은 이야기

117   작가의 말
124   에필로그

| 마음을 나누는 밥상, 함께 먹어요
| 여는 글

보글보글, 자글자글, 바삭바삭, 사각사각, 아삭아삭 소리만 들어도 침샘이 돈다. 매콤하고 달큰하고 칼칼하고, 구수하고, 짭짤한 단어만 봐도 군침이 돈다.

따뜻하고 시원한 한국의 맛을 담은 밥상은 단순한 먹거리를 넘어서 우리의 마음이다. '가족'이라는 말보단 '식구'라는 말이 더 포근하게 느껴지는 우리에게 맛있는 이야기는 인생 그 자체다.

어떤 음식을 떠올릴 때, 그 음식과 함께한 사람과 추억이 동시에 떠오른다면, 그 음식은 음식 그

이상의 가치가 있다. 어떤 사람을 생각할 때, 그 사람과 함께 먹었던 맛있는 순간들이 떠오른다면, 그 사람은 내 삶에 깊숙하게 자리하고 있을 것이다.

 당신은 어떤 음식의 추억이 있을까.
 당신에겐 어떤 사람과의 인연이 있을까.

 여기 담긴, 우리의 다양한 한식의 맛있는 이야기를 읽으며 당신의 추억도 맛있게 떠오르길 바란다.

 "우리, 함께 먹을래요?"

명진, 소요, 심윤수, 온아, 읽고 걷는 최선화, 전지적 아아

보글보글 마음 한 그릇

명진

찰나를 간직하는 시간 기록자
삶의 조각을 모으는 기억 수집가
마음의 온기를 엮는 에세이스트

육개장과 자립

유치원생 동생의 손을 잡고 아빠를 따라나섰다. 어른들의 운동회 날인가 보다. 교문에 걸린 '총동창회에 오신 걸 환영합니다'라는 플래카드를 지나니 간이 천막 아래 어른들이 많이 모여 있었다. 이름 대신 동창회장이라 불리던 아빠는 "저기 가서 밥 먹고 있어~"라는 말을 남기고 멀어져 갔다. 울고 싶은 심정으로 한참을 쭈뼛거리다 겨우 용기 내어 어른들 틈바구니 속에서 식사를 받아왔다. 얼굴을 그릇에 묻고 국물을 한입 먹는 그 순간.

'와, 이건 뭐길래 이렇게 맛있는 거지?'

어린 두 눈이 놀라움에 동그래졌다. 육개장과 첫 만남은 그렇게 강렬했다.

육개장을 다 먹고도 한참이 지나도 아빠는 오지

않았다. 어른들 틈바구니 속에서 재미난 시간을 찾아내는 건 순전히 나의 몫이었다. 운동장 구석의 모래는 어느덧 두꺼비 집이 되었고, 운동장의 정글짐은 동생의 놀이동산이 되었다. 살다 보면 스스로 해결책을 찾아야 하는 순간이 찾아온다. 불편함과 쑥스러움을 극복하고 행동해야 할 시기가 있다. 스스로 일어서라는 의미의 자립(自立)은 걸음마를 시작한 아가에게만 필요한 건 아닌 것 같다.

떡볶이와 우정

"떡볶이 먹으러 갈래?"
"좋아!"
 야자 감독 선생님의 눈을 피해 둘은 단골집으로 내달렸다. 카레가 들어가 인기가 많던 떡볶이 한 접시를 오물오물 나눠 먹다 한 녀석이 묻는다.
"나 어묵도 먹어도 되냐?"
"응, 당연하지!" 친구가 웃으며 대답한다.
 친구는 단짝의 곤궁한 주머니 사정을 알고 있었다. 둘이 먹지만 계산은 늘 한 사람이 하는 것도 주인은 알고 있었다. 싹 비워진 접시 위에 까르르 웃음만을 남겨두고 둘은 다시 교실로 뛰어간다.
 우정을 음식으로 만들면 떡볶이가 될 것 같다. 빨간색 고추장에 달달한 설탕을 더해 사람의 마음을 녹이는 건 떡볶이나 우정이나 마찬가지니까. 떡볶이는 외로움을 모른다. 초등학교 앞 문방구에서 떡볶이를 사 먹는 아이들 주변엔 늘 한 입만 달라며 달려드는 친구들이 와글와글하다. 고등학교 앞 떡볶이 가게에는 삼삼오오 모여들어 누가 더 시험을 망쳤는지 배틀 중인 여고생들이 모여있다. 여럿이 먹어야 맛있는 떡볶이와 여럿이 있어야 더 재밌는 학창 시절은 유난히 닮았다.

삼계탕과 나무

"오늘은 내가 계산할게~~."
"아니야, 이번에도 내가 사주고 싶어서 그래."
식당 카운터에서 둘은 옥신각신했다. 둥근 초승달처럼 잔잔히 웃으며 계산하는 친구의 뒷모습에 왠지 모를 평화가 느껴졌다. 학창 시절 곤궁한 단짝에게 떡볶이를 사주던 친구는 아직도 그 버릇을 못 고쳤나 보다. 20년이 훌쩍 지난 요즘도 한결같이 밥을 사준다. 떡볶이보다 훨씬 비싼 걸로 말이다. 뚝배기에서 보글거리는 삼계탕 위로 여전히 까르르 웃는 그 시절의 우리가 있었다.

10년이면 강산이 변한다고 하는데, 20년이 훌쩍 지나도 변하지 않는 것들도 세상에 있다. 아이폰은 일 년마다 신상품이 쏟아지지만, 스쳐 가는 인연들에 휘둘리지 않고 함께 늙어가는 오랜 우정은 나이테만큼이나 의미가 있다. 사계절의 비바람을 맞으며 나무는 싹을 틔우고, 잎을 키우고, 낙엽을 흩날리다가, 앙상한 가지만 남지만 나이테의 한 살을 더 채우고 새해엔 다시 태어난다. 우리 우정의 계절은 어디쯤일까.

감자탕과 배려

"아이고, 이거 둘이 다 못 먹어요!"

손사래를 치며 주문을 받던 감자탕집 사장님이 밥까지 싹싹 비벼 먹고 나오는 여대생 둘을 보며 머쓱하게 웃었다. 한창 예쁜 20대 여대생은 왜 아재 감성을 찾아다니는 걸까? 감자탕에 소주, 순대볶음에 소주, 포장마차 어묵을 먹으며 또 소주. 왜 틈만 나면 그런 아지트를 찾아내며 다녔을까? 사실 나는 몰랐다. 그때의 취향은 '우리'의 것이 아닌 오롯이 '나의' 취향이었다는 걸. 내가 좋아하니까 친구는 묵묵히 곁을 지켜준 것이라는 것을.

소파에 엎드려 잠들어 버렸을 때 누군가가 덮어준 담요처럼, 혹여나 찬바람이 창틈을 넘어올까 커튼을 닫아 여미는 뒷모습처럼 배려는 좀처럼 눈에 띄지 않는 투명한 햇살을 닮았다. 따뜻하고 반짝이는 그런 봄볕처럼. 중요한 것은 눈에 보이지 않는다고 했던 어린 왕자에게 말해주고 싶다. 이전엔 보이지 않던 것들이 느껴지기 시작했다고, 나도 이젠 조금씩 어른이 되어 가는 것 같다고.

콩나물과 비빌 언덕

"아가야, 콩나물 물 좀 주니라."

할머니는 바삐 움직이며 창문 아래 시루를 가리켰다. 덮어놓은 담요를 걷으니 노오란 콩나물이 소복하게 자라고 있었다. 바가지로 물을 부었더니 밑 빠진 독처럼 물이 아래로 줄줄 흘러내렸다.

'이게 제대로 되는 걸까?'

의심과 불신의 며칠이 지나면 콩나물은 손가락 길이만큼 제법 길어진다. 그때쯤 할머니는 한 바가지를 꺼내와 국을 끓인다. 고춧가루를 팍팍 넣어 칼칼하던 겨울밤의 콩나물국. 그 맛이 그립다. 아니, 실은 할머니가 그립다.

누구에게나 비빌 언덕이 필요하다. 나의 쓸모를 애써 증명하지 않아도 존재만으로 인정받을 수 있는 안전 기지가 필요하다. 유난히 외롭던 시절에 할머니 옆에 잠드는 날이면 이불 속에서 내 손을 꽈악 잡아주던 그 거친 손의 온기가 나의 안전 기지였다. 말을 하지 않아도 전달되는 것들이 있다. 그때 할머니의 온정처럼.

해물파전과 우정

'친구야, 네가 다녀갔구나. 집에서 밥 냄새 풍기지 않는 내가 굶을까 봐 걱정하는 네가 다녀갔구나. 비가 와서 해물파전을 구웠노라고 그러다 내 생각이 났다고, 뜨거울 때 먹어야 맛있다고 그길로 내게 달려왔구나. 우리 집 문 앞에 소담히 놔둔 너의 종이 가방을 보는 순간. 난 알았지. 네가 왔었단 걸. 일하는 내게 방해될까 초인종조차 누르지 않고 조심스레 다녀갔구나. 늦은 밤 열어본 파전은 여전히 따뜻하더라, 근데 나는 왜 자꾸 눈물이 나는 걸까.'

우리는 각자의 삶에서 저마다의 무게를 짊어지고 산다. 먹고사는 문제를 해결하느라 지옥 같은 출근길을 감당하고, 맡은 일을 책임지려고 '괜찮아요가면'을 오늘도 뒤집어쓴다. 사회적 가면 뒤에 울고 있는 나와, 슬픔에 지친 나, 외로움에 떨고 있는 나와 초라함에 비참한 나는 오늘도 떨고 있다. 견고하고 완벽하게 괜찮은 척 연기를 했다고 여기는 날에도 내면의 슬픔을 꿰뚫어 보는 이들을 우리는 친구, 연인, 그리고 가족이라 부른다. 그들의 온기가 전해진 날이면 엉망진창이던 하루의 마지막도 꽤 괜찮은 날로 변한다. 그러니 다정해지자, 너무 뜨겁지도 차갑지도 않게 해물파전 정도로 촉촉하게 다정해지자.

순대국밥과 온화함

"사장님, 저 왔어요."

이른 아침 미닫이문을 드르륵 열며 인사했다.

'아침밥도 잘 안 먹고, 오전 일정도 빠듯한데, 무엇이 나를 여기로 데려왔을까?'

웃음 주름이 가득한 나이 지긋한 사장님이 배달 채비를 하며 나를 맞아 주신다. 평생 법 없이 사셨을 것 같은 선한 눈빛의 사모님이 뜨끈한 순대국밥에 갓 담근 김치를 듬뿍 담아 건네주신다. 정직한 사람이 만든 음식엔 건강한 맛이 난다는 걸 안다. 그래서 이 집은 오래오래 잘 되면 좋겠다.

미국 대통령 링컨은 "마흔이 넘으면 자기 얼굴에 책임을 져야 한다, 마흔 이후의 얼굴은 스스로 만드는 것이다"라고 말했다. 사십은 그런 나이다. 해피엔딩일 줄 알았던 나의 삶이 녹록하지 않다는 걸 깨닫게 되는 시기. 세상이란 파도에 몇 번쯤 허우적거리면서도 기어코 버텨내는 시간들이 층층이 쌓여 어른이 되어간다. 뫼비우스의 띠처럼 잊지 않고 돌아오는 곡절의 시간을 겪어 내고서도 웃음 주름이 가득한 얼굴을 가진 이들은 얼마나 위대한가. 위인전에 실린 위대한 영웅을 보며 자란 아이도, 이제는 안다. 삶 속엔 수없는 작은 영웅들이 있다고, 그리고 그들이 나의 하루를 지켜내고 있다고.

장어구이와 오열

"아빠, 저녁 먹으러 어디 갈래?"

한주가 끝나면 주말엔 아빠와 식사를 한다. 아빠의 선택은 늘 한결같다. 점심이면 은성 식육점. 저녁이면 아나고 횟집. 우리의 아지트다. 하나뿐인 온돌방을 차지하고 아빠와 딸은 시시껄렁한 그간의 일상을 소주 한 잔에 털어놓는다. 꼬리는 딸에게 밀어주고 아빠는 머리를 씹는다. 거나하게 취해 계산을 할 때면 서로 돈을 내겠다고 아옹다옹한다. 그 모습이 유쾌하다며 주인은 단골 부녀를 좋아했다. 그토록 아빠는 나의 가장 친한 친구였었다.

평생 입원 한번 해보지 않았던 건강한 아빠가, 갑자기 세상을 떠났을 때, 그런 아빠의 흔적들을 내 손으로 정리해야 했을 때, 나는 울지 않았다.

내가 사준 옷들이 100리터 쓰레기봉투 7개를 꽉 채웠을 때도 나는 울지 않았다. 그리고 다가온 어느 주말, 아빠의 연락이 올 때가 한참이나 지났는데도 울리지 않는 조용한 핸드폰을 하염없이 바라보던 그 순간, 나는 울었다. 아니, 오열했다.
'나의 가장 친한 친구는 이제 내게 연락할 수가 없구나.'

에필로그 - 아빠에게 보내는 편지

'아빠, 우린 이젠 다시 볼 수 없는 거야?'

갈 곳 잃은 아빠 절친들의 통화 버튼이 자꾸 내게로 향하는 걸 보니 자꾸만 그런 생각이 떠올라. 오늘은 아빠 장례식에 가장 슬프게 우시던 아빠 친구의 전화를 받고 칼국수 집에 갔어. 10명 넘는 아빠의 지인들 틈에서 아빠 몫의 칼국수는 내가 먹었어. 맛있더라. 우린 맛집 탐방을 그렇게 많이 했는데 여긴 왜 못 와봤을까. 근데 참 이상해. 칼국수는 맛있고 아빠 친구들은 모두 다정했는데. 나는 왜 눈물이 나는 걸까?

"타임머신이 있다면 돌아가고 싶은 시절이 있나요?"라고 누군가 묻더라.

난 그때로 돌아갈 거야. 아빠가 처음으로 임플란트 이야기를 꺼냈던 날 말이야. 목돈이 들어 고민하다 몇 년이 흐르고 마침내 치과에 갔을 때 하얀 미소를 되찾았다고 매일매일 웃던 아빠의 모습. 그 미소를 그렇게 자주 볼 줄 몰랐어. 그때 후회가 밀려왔었어.

'더 빨리 치과에 올걸, 그래서 아빠 더 많이 웃게 해줄걸….' 하고 말이야

아빠, 그거 기억나? 아빠는 내 차를 늘 "우리 차"라고 불렀잖아. 우리 가족, 우리 차, 난 그 말들이 참 좋더라. 그러니까 나의 책엔 아빠의 이름을 붙일게. -명진 작가- 그러면 이것 또한 우리의 것이 되는 거잖아. 아빠를 가장 많이 닮은 딸로 키워줘서 고마워. 우리 아빠 잘 자.

마음을 나누는 '밥' 먹어야 함께 여야

내가 사랑한
두 남자가 생각나는 음식

읽고 걷는 최선화

맛있는 음식의 가장 중요한 요소는 '같이 먹는 사람'이라고 생각하는 책샘이다. 매일 먹는 음식이 때로는 사랑이 되고, 그리움이 되기도 한다.

보리밥과 된장찌개

 보리밥이 불러오던 방귀라는 생리현상 때문에 어두운 시골의 밤은 가족끼리 웃을 일도 많았다. 유년 시절 겨울 저녁 식사를 생각하면 가장 먼저 떠오르는 음식이 보리밥과 된장찌개다. 감자가 서너 개 들어간 밥에는 보리쌀의 비율이 90%에 육박했다. 보리밥이라고 부르기보다는 꽁보리밥이라고 부르는 게 더 적당할 그 밥을 참 많이도 해 먹었다. 그 밥과 곁들이는 음식은 특별할 것 없는 재료를 넣어서 자작하게 끓인 된장찌개였다. 보리밥에 된장찌개를 두어 스푼 넣고 고추장이나 무채김치를 넣어서 비비면 맛이 일품이었다.
 "언니. 우리 아빠는 보리밥을 정말 좋아하셨지? 우리 어려서 보리밥 진짜 많이 해 먹었잖아."

지난 추석 언니가 보리밥과 된장찌개를 해 먹자고 했을 때 아버지에 대한 추억을 꺼냈다.
"아빠가 보리밥을 좋아하셨다기보다는 가난한 시골 살림에 쌀이 부족했기 때문에 그런 거였어. 내가 주로 밥을 했잖아. 쌀독에 쌀이 얼마나 빨리 줄었는지 몰라."
 엄마를 도와 집안 살림을 했던 언니의 말을 들으며 해 준 밥을 맛있게 먹기만 했던 미안함이 잠시 밀려왔다. 그때는 아궁이에 불을 때서 가마솥에 밥을 했기에 불 앞에 지키고 앉아서 불 조절을 해야 했다. 혹 잠깐 자리를 비우면 밥이 탈 수 있기 때문에 밥이 될 때까지 꼼짝하면 안 됐다. 그 일을 주로 했던 언니에게 미안해 추석 보리밥은 내가 하기로 했다. 엄마처럼 감자를 몇 개 깎고 쌀과 보리의 비율을 적당히 해서 압력밥솥에 밥을 안쳤다. 쌀을 씻으면서 두 번째 나온 쌀뜨물은 된장찌개에 넣기 위해 따로 받아 두었다. 엄마가 장독에서 퍼다 주신 된장으로 된장찌개를 끓였다. 평소에는 육수 조미료를 사용했지만 엄마 집에서는 오랜만에 옛날처럼 대가리를 뗀 멸치를 넣어서 육수를 냈다. 대충 썬 감자를 넣고 물이 끓기 시작할 때 썰어 둔 호박과 양파를 된장과 함께 넣어 5분 정도 더 끓였다. 찌개가 팔팔

끓을 때 청양고추와 파를 넣고 소금으로 간을 했다. 엄마가 끓여주신 것만큼 맛있지는 않았지만 다들 너도 이런 걸 할 줄 아냐면서 한마디씩 했다. 아빠가 계셨다면 뭐라고 하셨을까? 흐뭇해하시며 한 그릇 뚝딱 맛있게 드셨을 것 같다.

장칼국수와 닭 만둣국

 바쁜 농사철에 별미로 만들어 먹던 음식이 장칼국수였다. 엄마가 밀가루를 치대서 홍두깨로 밀면 둥글게 둥글게 커다란 밀가루 원이 만들어졌다. 원형 반죽을 채 썰어서 국수 재료를 준비하셨다. 엄마는 썬 면을 가끔 들고 흔들어 주셨는데 그래야 면이 달라붙지 않았다. 끓는 물에 고추장이나 된장 베이스를 하고 썰어둔 칼국수를 넣고 익히면 우리 집만의 별미 장칼국수가 완성되었다. 완성된 칼국수에 파를 총총 썰어 넣기도 했지만 주로 간장과 고춧가루, 청양고추로 양념장을 만들어 곁들여 먹었다. 우리는 그걸 가수기라 불렀다. 아버지는 가수기를 양푼 가득 만들도록 해서 동네 아저씨들을 불러 한 그릇씩 나누어 드셨다. "아, 시원하다." 하시며 드시던 가수기

옆에는 막걸리가 있었다. 아빠는 뜨끈한 칼국수와 함께 막걸리를 한잔하시면서 농사의 피로를 잊으셨던 것 같다. 엄마는 아빠가 돌아가신 후 더 이상 홍두깨를 꺼내서 칼국수를 밀지 않는다. 이제 우리 집에서 장칼국수는 추억의 음식이다.

　농한기가 되면 엄마가 언니와 채 썬 김장김치, 두부, 파, 마늘, 깨보숭이, 다진 닭을 넣어서 닭만두를 만들었다. 닭 만둣국은 온 가족이 좋아하던 음식이다. 다진 닭을 넣기 전 만두 속을 먹으면 매우면서도 고소했는데 엄마는 매운 걸 너무 먹으면 속이 아리다고 못 먹게 하셨다. 놀러 나갔다 돌아오면 집안 쟁반마다 만두가 그득그득해서 나는 만두가 뚝딱 만들어지는 음식인 줄 알았다. 언니가 집을 떠난 어느 겨울 엄마와 만두를 준비하면서 만두가 정말 손이 많이 가는 음식이란 걸 알았다. 재료를 다지고 짠 후 양념을 해서 속을 만든다고 준비가 끝나는 게 아니었다. 이제 시작이었다. 다음으로 만두피를 만들어야 했다. 밀가루를 치대서 반죽이 어느 정도 숙성되면 그걸 조금씩 떼어서 동그랗게 만들었다. 깨끗한 병을 눕혀서 밀어주면 만두피가 만들어졌다. 엄마가 밀면 동그랗고 예쁜 피가 만들어지는 데 내가 하면 길쭉해지거나 피에 구멍이 생겼다. 그래서 만두피는 주로 엄마가 만들고 나는 그 옆에서 만두를 빚었다. 만두를 빚는 것도 쉽지 않았다. 자꾸 옆구리가 터져서 보수공사를 해 줘야 했다.

"만두가 터지지 않게 삶으려면 물을 많이 넣어야 한다. 그리고 만두가 물 위로 떠 오르면 얼른 건져야 해. 그렇지 않으면 만두가 다 터진다."

 만두를 삶으면서 엄마가 만두 삶는 법을 일러 주셨다. 그렇게 삶았는데도 옆구리가 터진 만두가 나왔는데 그건 아마도 내가 만들었던 만두였을 것이다. 가마솥 가득 삶은 만두를 백김치나 동치미와 함께 먹으면 너무 맛있었다. 양푼 가득한 만두는 저녁을 먹고도 반은 남았다. 그걸 윗목에 보자기로 덮어 두었다가 밤참으로 온 가족이 둘러앉아 먹었다. 깨지거나 퍼진 만두가 반이었지만 겨울밤 가족들과 함께하는 그 시간이 참 좋았다. 장칼국수는 아빠와 마을 사람들의 음식이었지만 뼈가 오도독 씹히는 닭 만둣국은 아빠와 우리 가족의 음식이었다.

삼겹살 숯불구이와 비계 숯불구이

 삼겹살의 매력은 적당한 비계다. 지나쳐도 안 되고 모자라도 안 된다. 삼겹살은 고를 때부터 고심이 필요하다. 맛난 삼겹살을 더 맛있게 즐기려면 기름이 튀어도 신경 쓰이지 않는 야외에서 구워야 한다. 특히 나처럼 바싹하게 익은 삼겹살을 좋아하는 사람은 숯불에 기름이 쭉 빠지게 굽는 게 좋다. 너무 세지 않은 숯불에 두툼한 삼겹살을 자주 뒤집지 않고 굽는 게 맛있게 굽는 비결이다. 삼겹살은 찍어 먹는 소스도 중요하다. 소금, 쌈장, 새우젓 등 취향에 따라 찍어 먹으면 더 맛있게 먹을 수 있다. 바싹하게 구워진 삼겹살은 그냥 먹어도 맛있다.

 "너는 왜 그렇게 삼겹살을 팍 익혀서 먹냐? 그렇게 먹으면 딱딱하잖아."

친구와 캠핑장에 놀러 가서 삼겹살을 구워 먹을 때 들은 말이다. 생각해 보니 나는 어려서부터 바짝 구워진 고기를 좋아했다. 고기가 귀했던 어린 시절 부모님은 아이들에게 고기를 먹이고 싶지만 주머니 사정이 여의찮으셨다. 그래서 선택한 방법이 살보다는 비계가 많은 돼지고기를 사서 요리를 하는 것이었다. 살이 거의 없는 비계를 넣어 만든 짜장 소스는 맛있었지만 물컹한 비계가 씹히는 게 싫어서 비계를 씹으면 씹지도 않고 꿀꺽 삼켰다. 가끔 아빠는 소여물을 끓이고 숯불이 나면 그 불에 비계를 구워주셨다. 그 비계는 겉은 기름기가 쭉 빠지고 속은 촉촉한 겉바속촉의 간식이었다. 그걸 굵은소금에 살짝 찍어 먹으면 바삭바삭하고 짭조름한 맛이 입안 가득 퍼졌다. 친정집에 모이면 으레 마당 가에 숯불을 피워서 삼겹살을 구워 먹는다. 바삭한 삼겹살도 맛있지만 어린 시절 아빠가 구워주던 비계 숯불구이가 가끔 생각난다.

미역국군과 콩나물국양

 결혼 후 남편이 해마다 미역국을 끓여주었다. 기본 소고기 미역을 시작으로 굴, 바지락, 참치 미역국까지 다양한 미역국을 먹었다. 지금은 아내의 취향을 잘 알아서 무난한 소고기미역국을 끓여주지만 결혼해서 얼마 동안은 내 취향보다 집에 있는 재료를 넣은 국적 불명, 지역 불명의 미역국을 끓였다. 미역국을 끓여줘서 고맙다는 마음보다는 나를 생각하는 마음이 부족하다고 생각해서 짜증이 났다. 내가 소고기미역국을 먹고 싶으면 질 좋은 한우 양지머리를 미리 사다 냉장고에 넣어두면 되었는데 신혼 때는 그런 순발력이 부족했다. 지금은 여러 재료를 실험적으로 쓰는 대신 아내가 좋아하는 소고기미역국을 끓여준다. 게다가 이제는 질 좋은 소고기를 미리 사다 두는 센스도 생겼다. 올해는 추석에 시누이에게 선물 받은 송이버섯을 잘 보관해 두었다가 이른 시간 출근하는 아내를 위해 늦은 밤 소고기미역국과 소고기 송이버섯 미역국을 준비했다. 남편의 요리 솜씨가 나날이 늘어간다. 남편이 나를 위해 미역국을 끓여주듯이 나는 남편을 위해 해장 콩나물국을 준비한다. 늦게까지 술을 마시고 들어온 남편이 미워서 화가 나다가도 이른 아침 콩나물을 사러 집을 나선다. 흐르는 물에 콩 껍질이 흘러가도록 씻고 굵은소금을 조금 넣고 콩나물을 끓인다. 뚜껑 사이로 비릿한 내가 고소하게 바뀌고 5분 정도 지나면 뚜껑을 열고 대파와 청양고추 두 개를 넣어준다. 소금 간을 조금 더 하고 고춧가루와 함께 식탁에 내놓는다.

"다시 안 끓여줄 거야."

라고 말하지만 남편이 술을 마시고 온 다음 날은 이른 아침 콩나물을 사러 나간다. 엄마처럼 겨우내 윗목에 콩나물을 기르진 못하지만 마트에서 산 콩나물로 끓여주는 콩나물국에 시원하다를 연발하는 남편을 보면 미웠던 마음이 녹아버린다. 가끔 날이 선 칼날 같은 감정이 부딪혀서 서로 상처를 주기도 했던 시간을 지나고 나니 조금은 무딘 감정이 남는다. 그렇게 검은 머리가 흰머리가 될 때까지 사나보다.

먹거리, 볼거리 그리고 생각거리

전지적 아아

타인에게 예민한 ISTP. 선을 넘지 않으려 노력하고, 선을 넘는 사람을 싫어하는 개인주의자.

해물파전과 포레스트 검프,
그리고 소심함

  날씨에 따라 떠오르는 음식이 있다. 날이 추워지면 길거리 포장마차에서 파는, 한입 베어 물었을 때 달달하면서 살짝 퍽퍽한 느낌의 팥과 베어 문 자리에서 뽀얀 김이 피어나는 붕어빵을 먹고 싶다. 날이 더워지면 아이스크림 전문점 에어컨 아래에서, 맛을 상상만 해도 침이 엄청 고일 정도로 새콤달콤한 레인보우 샤베트가 먹고 싶다. 눈이 오면 자그마한 일본식 선술집에서, 주인장이 꽤 정성스럽게 국물을 우려서 국물에 조려진 무가 맛있는 어묵탕을 먹고 싶다. 그리고 비가 오는 날에는 해물파전을 먹고 싶다.

  한때 비 오는 날 해물파전을 먹지 않으려 한 적이 있다. 그것은 매스 미디어가 만들어낸 상술이라고 생각했다. 마치 11월 11일만 되면 여기저기 보이는 빼빼로 할인 행사 같았다. 나는 절대 저런 상술에 휘말리지 않겠다고, 미디어가 만들어 내는 환상에 넘어가지 않겠다고 세상을 향해 엄청 날카로운 척 반항을 한 적이 있었다. 그러나 어느 정도 나이가 들면서 그것이 세상을 향해 날카롭게 반항하고 대항한 것이 아니라 그냥 치기 어린 궤변이었다는 것을 깨달았다. 지금은 비가 오면 자동으로 머리에서 해물파전을 굽는 영상이 재생된다. 미디어가 만들어낸 상술이면 어떻고, 환상이면 어떠랴. 식욕, 미식에 대한 욕구를 채우고 행복해하면 되는 것 아닐까.

 몇 달 전 여름 장맛비가 세차게 내리다가 살짝 그친 늦은 월요일 밤, 보컬 학원에서 수업을 듣고 집으로 가던 길이었다.

'수업 끝났어?'

'끝났으면 간단하게 한잔하자.'

'막걸리? 비 왔는데.'

라는 메시지가 연거푸 도착했다.

 비가 잘 안 오는 동네에 마침 비가 적당히 내리고 있었고, 우산을 때리는 소리가 꽤 리드미컬하게 들렸다. 월요일 늦은 밤이라는 것을 빼면 막걸리에 해물파전을 먹기 딱 좋은 날이었다. 다음 날 출근을 생각하면 미안하다 다음에 한잔하자고 메시지를 보내야 했다. 그렇게 생각하고 메시지 창을 켰다.

'근처에 좋은 곳 있나?'

그렇게 보컬 학원에서 도보 5분 거리에 있는 한 노포를 찾아갔다. 사장님께서 한 시간 뒤에 주방 마감인데 괜찮냐고 물으셨다. 하긴, 내가 봐도 내 얼굴은 딱 주정뱅이다. 우리는 진심을 다해 괜찮다고, 다행이라고, 저희도 내일 출근해야 해서 딱 좋다고 말씀드리면서 막걸리에 해물파전을 바로 주문했다.

해물파전과 막걸리를 먹으면서 나는 한 가지 고민에 빠졌다. 개인적으로 해물파전에서 가장 좋아하는 부분은 가장자리다. 식감이 좋기 때문이다. 해물파전은 재료가 풍성하게 들어갈수록 아쉬워지는 것은 역시 식감이다. 음식은 한입에 들어갔을 때 씹는 식감이 다양할수록 맛있다고 생각한다. 그런데 재료가 풍성하게 들어가면 그만큼 밀가루 반죽 물이 많이 사용될 수밖에 없고, 밀가루가 많이 들어가면 두꺼워져서 부드러운 식감이 되기 쉽다. 게다가 파나 해물도 익으면 식감이 부드러워지기 때문에 씹는 맛이 조금 심심한 느낌이 든다. 그런데 가장자리는 기름에 튀겨지다시피 익어서 바삭한 식감을 가지고 있다. 게다가 노릇노릇한 색감까지 한층 입맛을 돋운다. 그 좋은 해물파전의 가장자리를 앞에 두고 하나의 문제에 빠졌다. 이 가장자리를, 앞에 앉아 있는 사람이 기분 나쁘지 않은 선에서 많이, 그리고 오래 먹을 수 있을까. 나는 맛있는 음식은 아껴서 먹는데, 과연 가장자리를 아끼면서 내가 더 많이 먹을 수 있을까.

 해물파전의 가장자리를 보며 이런 치사하고 이기적인 생각을 하는 와중에, 영화 〈포레스트 검프〉의 초콜릿이 떠올랐다. 주인공 검프의 어머니는 검프에게 인생은 초콜릿 상자와 같다고 말한다. 말 그대로 인생은 초콜릿 상자에서 꺼내는 초콜릿 같다. 아무도 먹기 전까지 그 초콜릿이 달콤할지, 쓸지, 술에 절어 있을지 알 수 없는 것처럼 미래는 아무도 알 수 없다는 의미다. 그런데 나에게는 이 대사가 원래 가지고 있는 의미와 다르게 각인되어 있다. 초콜릿 상자에 다양한 맛의 초콜릿이 있으니 무엇을 먼저 꺼내먹을지 잘 선택해야 한다고. 달콤한 것만 꺼내먹다 보면 마지막에는 씁쓸한 것만 남아 먹기 싫어질 것이라고. 인생도 자기 좋은 것만 먼저 너무 하면 마지막에는 씁쓸한 일만 남는다고. 해물파전도 마찬가지다. 바삭해서 맛있는 가장자리만 열심히 골라 먹으면 결국 마지막에는 부드러운 식감만 남아서 질릴 것이다. 가장 좋은 것은 맛있는 부분과 맛이 덜한 부분의 적절한 배분인데, 내 마음에 들게 나눠 먹는 것은 혼자 먹을 때나 가능한 일이다. 그렇다고 이런 이야기를 같이 간 사람에게 말하면 괴짜로 보일 것 같아 그것은 또 싫다. 그렇게 머리만 복잡해진 나는 해물파전이 아니라 대화에 집중하려 노력했다. 그러나 한번 시작한 생각은 꼬리에 꼬리를 물고 따라와 온전히 대화에 집중할 수 없게 만들었다.

살아온 인생 내내 이렇게 생각이 이어지고 많아질 때가 많았다. 특히 내가 하고 싶은 것이 다른 사람들에게 어떻게 비칠까, 좋지 않은 영향을 주지 않을까 하는 생각이 많았다. 눈앞에 있는 해물파전만 해도 그렇다. 그냥 가볍게 "나는 파전 가장자리 좋아하는데, 너는 어디를 먼저 먹니?"라고 물어봤으면 됐다. 그 말을 시작으로 나는 가장자리를 좋아하고, 바삭한 식감을 즐긴다. 그래서 전을 먹을 때는 가장자리를 아껴서 먹고, 적절하게 배분해서 먹고 싶다고 말하면 됐다. 그러면서 〈포레스트 검프〉의 초콜릿 대사가 사실 이런 의미지만 나에게는 다르게 각인되어 있다는 이야기를 하면 됐다. 그런데 나는 그것을 생각만 했다. 이렇게 말하는 나를 이상하게 보지는 않을지, 아니면 상대방이 당황스럽거나 불쾌해하지는 않을지, 마음이 불편하지 않을지 끊임없이 생각만 했다.

보통 사람들이 생각이 많아 보이고 말수가 적은 사람을 '소심하다'라고 표현할 때가 많다. 그런 기준이라면 나는 한평생 소심한 사람이었고, 지금도 그렇다. 한때 생각이 적고 말수가 적은 성격을 바꾸기 위해 나에게 어울리지도 않던 옷, 요즘 말로 인싸 생활을 하기 위해 노력해 본 적도 있다. 대체로 재미있는 삶이었지만, 한 번씩 내가 걱정한, 이상한 사람으로 보거나 상대에게 불쾌감을 주는 일이 일어났고, 다시 나는 원래대로 돌아왔다. 그러면서 점점 나는 인싸가 될 수 없다는 생각만 강해졌다. 인싸는 나에게 맞지 않은 옷이었고, 지금도 그런 옷이다.

육개장과 식객, 그리고 정

 죽음을 알리는 소식은 무겁다. 누군가의 완전한 소천. 다시는 물질세계에 같은 존재가 없다는 이야기. 그런 부고 소식을 들으면 온갖 상념에 잠긴다. 내 가깝고도 필연적인 미래를 목격했다는 슬픔, 잘 모르는 사람이지만 그의 일상이 한순간에 사라졌다는 허망함, 주변 사람들이 느낄 고통에 대한 공감과 안타까움, 그러면서 나는 고통스럽지 않게, 하고 싶은 것을 모두 이루고 편안하게 잠에 들 듯이 죽음을 맞이하고 싶다는 이기적인 생각까지 든다. 이렇게 생각이 많아지니 죽음을 알리는 소식은 무겁게 다가온다.

 듣는 사람의 마음이 무거워지는 소식을 전해야 하는 사람은 소식을 전하면서도 마음이 편하지 않을 수밖에 없다. 이 소식을 들으면 어떤 기분

일지 알기 때문에. 괜히 죄스러운 마음이 추가된다. 외할머니 장례를 치르면서 그런 기분이었다. 외할머니의 장례식 전에 경험한 가족 장례식은 나와 가까운 이야기가 아니었다. 아버지는 집에서 막내 아들이신데, 할아버지는 그 아버지 걸음마 할 때 돌아가셨고, 할머니는 아무래도 막내아들의 아들이다 보니 한 발짝 떨어져서 보게 되었다. 어머니는 장녀였는데, 외할아버지는 내가 고등학생 때 돌아가셨고, 심지어 영어 듣기 평가가 발인 날 있어서 장지까지 가보지도 못했다. 어떻게 보면 가족의 장례를 처음부터 끝까지 직접적으로 경험한 것은 외할머니 장례식이 처음이었다. 외손자였지만 그래도 장손이라서 꽤 책임감도 막중했고, 중간중간 정산이나 필요한 서류 작업 같은 것을 외삼촌과 함께 맡아서 진행했다.

직장에 먼저 알리고, 주변에 적당히 가까운 사람들에게는 간단히 메시지로 연락했다. 개인적인 성향도 힘들거나 안 좋은 일이 있으면 주변에 내색하지 않고 입을 다무는 편이라 장례식을 치른다고 연락을 돌리는 것이 좀 힘들었다. 어느 정도로 주변에 내색을 잘 안 하냐면, 어머니께서 여러 차례 이렇게 말씀하셨다.

"내 자식이지만, 냉정하고 차가워서 무서운데,

내색도 안 해서 더 무섭다."

그래도 가까운 사람들에게 연락하지 않으면 서운한 내색을 보이니 연락을 했다. 그리고 3일간 손님을 맞았다. 손님은 이모와 이모부 손님이 많으셨다. 지금은 타지에 계시지만 두 분 다 대구에서 직장 생활을 오래 하셨고, 꽤 높은 직급까지 올라가실 정도로 능력을 인정받은 데다가 식구 중에 가장 외향적인 분들이라 주변에 지인이 많았다. 외삼촌도 자동차 하청 업체를 운영하다 보니 지인들이 많이 방문했다. 외가 식구들 중 가장 내향적인 가족인 우리 집은 손님이 그렇게 많이 오지는 않았다. 그래서 이모와 이모부, 외삼촌은 손님들과 이야기를 나누시느라 바쁘셨고, 나는 빈소를 지키다 가끔 음식 나르는 일손을 거들었다. 중간중간 필요한 것을 사 오거나 물품을 추가로 신청하는 일도 했다.

3일 동안 장례식장에 있으면서 식사는 시간이 날 때마다 간단히 해결했는데, 당연히 메뉴는 육개장이었다. 가장 많이 나른 것도 육개장이었다. 돌이켜 보면 어느 상갓집을 가든 육개장이 나왔다. 외할머니 장례 2일 차 때까지는 생각이 없었는데, 문득 육개장으로 끼니를 때우면서 왜 하필 육개장을 대접하는지 궁금해졌다. 내가 사는 경

상북도 쪽은 제사상에 탕국을 올린다. 만약 일관성이 있다면 탕국을 올릴 텐데, 왜 뜬금없이 육개장일까. 탕국에 비해 조리 방식이 쉬워서 그럴까. 그렇다고 육개장이 손이 덜 가는 음식은 아니다. 재료 준비도 꽤 까다롭고 손도 많이 간다. 만화 『식객』 육개장 에피소드를 보면 우삼겹, 제주 고사리, 토란, 알끈 제거한 계란, 데친 파, 고추기름을 준비해야 한다. 게다가 고기도 삶았다 식혀서 결대로 찢어야 하고, 그 고기를 다시 갖은 양념에 버무리는 등 손이 많이 가고, 그만큼 정성 가득한 음식이다. 밥 먹다 말고, 장례식 중에 이런 궁금증에 빠지다니, 분명 하늘 가시던 외할머니가 뒤돌아보면서 혀를 차셨을 것이다. 쯧쯧.

 궁금함을 이기지 못하고 장례식장 구석에서 인터넷을 열심히 검색했지만 시원한 해답을 얻지 못했다. 그러다가 '정성 가득한 음식'이라는 생각으로 돌아왔다. 그래. 육개장은 정성 가득한 음식이다. 무더운 복날 기력이 쇠한 사람들이 보양하기 위해 끓여 먹던 개장국을 소고기로 바꾼 음식. 정성스럽게 재료를 준비해서 몸을 보양할 수 있는 음식을 마지막 가는 길 배웅 나온 손님들께 대접하는 것이다. 『식객』에도 비슷한 이야기가 나온다. 장례식에서 돌아가신 시어머니와 며느리는 영정 사진을 가운데 두고 대화를 나눈다. 이때 시어머니께서 며느리에게 고맙다며, 살아생전 사업상으로 만나다 보니 사람을 정성으로 대한 적이 없었는데, 마지막 가는 길 며느리 덕분에 정성이 담긴 육개장 한 그릇을 대접했다고. 그러니까 망자가 자신의 자손의 손을 빌려 손님께 정성스럽게 대접하는 음식이 바로 육개장이다.

 사실 보양 음식이 필요한 것은 망자일지도 모른다. 우리가 모르는 곳으로 먼 길을 떠나야 하는 것은 망자다. 그런데 그 멀리 가는 고생을 해야 하는 존재가 자신의 죽음을 기리고 자기 가족을 위로하기 위해 모인 것이 감사해서 손님께 예를 차리는 것이다. 거기까지 생각이 미치자 이전까지 예사로 보이던 종이 그릇에 담긴 육개장이 꽤 근사한 음식으로 보였다. 그런 대접하는 마음과 손님을 정성스럽게 모시는 담아 조금이라도 음식을 더 권하게 되었다. 이후에 다른 장례식장에 객으로 갔을 때는 문상객을 맞이하는 상주와 돌아가신 분의 따스한 마음을 생각하며 차려진 음식을 다 먹고 나온다. 그래야 망자의 마지막 정성에 내가 제대로 답한다는 생각이 들었기 때문이다.

그렇게 보면 육개장은 이승에서 마지막으로 망자가 객에게, 객이 망자에게 마음과 마음을 전하는 정이 있는 음식이고, 예의가 가득한 음식이다.

마음을 나누는 밥상, 함께 먹어요

밥상 위의 소중한 것

소요

요리보다 설거지가 편하고 미각보다 후각이 예민한 사람.
한식을 좋아한다.

가족탕

뜨거운 냄비 앞에 모인 우리 가족

말랑말랑 두부 같은 뱃살과
길쭉길쭉 무 다리가 준비되면

엄마는 파뿌리 같은 머리를 휘휘 젓고
오빠는 팔뚝에서 알감자를 떼어 넣고
동생은 매운 고추를 담근다

이게 무슨 된장 같은 젠장 맛인지
양파 같은 언니 껍질째 몸을 말고
무게 잡는 아버지 탕으로 뛰어들며

뜨거운데 시원하다 꼬신다
깜빡 속을 뻔했다

알 수 없는 미래

내 고향 좁은 시장 수족관
동물원 원숭이 보듯
사람들 삿대질에 움찔한다

"저거요, 저기 큰놈으로"
아뿔싸, 울 어머니 우량아 낳았다고
마을잔치 열었는데

죽은 척 납작 엎드리지만
신상은 이미 다 까발려지고

어젯밤 붙잡힌 녀석은
탕탕이가 되었다는데

다리 하나 잘려도 상관없는 인생
모가지 벤 자리에 붉은 피가 솟구치면
빨판을 발판 삼아 벽을 기어도

보이는 건 미래가 아닌
사람들 입속 천장

삶-은 고기

문풍지 속으로 들어온 칼바람에
그림자를 삼킨 해가 보이지 않아
뒤척이며 날짜를 지운다

불 꺼진 한강 다리에
침묵의 외침으로 서 있을 때
친구 얼굴이 손짓한다

조금만 버텨보라고
그리고 울음 섞인 고기를 삶는다
삶은 익어도 죽지 않는다고

희미한 냄새에 환청이 들려온다
이젠 괜찮다고
이것만 먹으면 된다고

눈물에도 향기가 있다

부드러운 살코기 위 김치 한 조각
막혔던 피가 돌고 숨길이 열린다

그날 이후 단단한 땅을 밟는다
부러지지 않겠다고
쓰러지지 않겠다고
뽑히지 않을 뿌리를 내린다

빨간 맛 세상

빨강 물감이 만든 매운 세상
하얀 밀떡이 미끄러져 들어가고
노란 어묵이 새치기를 한다

새치기는 나쁘다고 배웠지만
일요일은 용서를 먹는다
빨간 맛 세상이니까

가방 메고 학원가다
문제 사이로 거짓말을 숨긴다

매운맛은 시험지처럼 어렵고
달콤한 맛은 딱지처럼 쉬운

일요일은 떡볶이 먹는 날

청국장 소동

아파트 1층에 산다
화재경보기가 울린다

문을 열고 나간다
아무도 없다

냄새만 자욱하다
마스크를 쓴다

아파트에 소문이 난다
냄새나는 괴물이 산다고

경비원이 문을 두드린다
도둑보다 주민들 민원이 무섭다고

아파트 1층은 위험하다
괴물이 뭘 먹는지 다 안다

국수 삼 형제

잔치국수는 조용하게 바쁘다
한 그릇에 담긴 축하와 기쁨을 나른다

비빔국수는 스트레스를 비빈다
매운 고추장에 열정을 비워낸다

콩국수도 기회를 잡는다
근데 요놈의 인기는 딱 한철

풀죽은 셋째에게 형들이 말한다
너무 넘치지도 너무 마르지도

않는 관심이 좋은 거라고
가늘고 길어야 먹히는 인생이라고

우리 사이

안녕, 오랜만이야
네 마지막 모습을 생각해

네모난 상자에 담겨
빨갛게 윤이 나는 얼굴

질투심에 콜라를 부었지
까맣게 질려버린 너는
질경이는 육질로 복수하고

사이가 멀어지는 건
기간이 아닌 순간

다시 선물처럼 온다면
하얀 배로 널 안을게
부드럽게 터지도록

고기 예찬

불판 위에 달빛처럼 속삭이는 달콤한 향기
고기 한 점 입에 넣으면 닫힌 귀가 열린다

고기도 먹어 본 놈이 먹는다고
한 사람이 죽어도 모를 맛이라고

고기 맛은 몰라도 고기 값은 안다
한 사람이 아닌 네 사람이 죽어야 한다

구이도 좋고 양념도 좋다
돼지고기도 좋고 소고기도 좋다

많이 먹고 튼튼하게 자라다오
지갑 속 구멍은 오래전에 뚫리고

살면 얼마나 산다는 말
먹고 죽은 귀신 때깔도 좋다는 말에

열린 귀 닫고 오늘도 고기를 굽는다

콩을 떼어낸 나물

시집와서 처음 끓인 콩나물국
시어머니 콩나물 비법을 훔친다

찜은 굵어야 식감이 살고
무침은 가늘고 길어야 아삭하고
키 작은 콩나물은 국물에 좋다고

사람도 이와 같을까
뚱뚱하고 날씬하고
크고 작은 쓰임새가 다를까

까만 비닐봉지에서 쏟아진
콩나물 무덤을 파헤치며
이것도 시집살이라 투덜댄다

꼬리 없는 꼬리를 떼고
머리 없는 머리를 떼낸

업보가 고봉처럼 쌓여

콩에서 나물을 떼어 먹는다
아무 맛도 나지 않는다

엄마의 맛 I

고무장갑 끼고 서늘한 식칼만 있으면
피바다가 되는 살벌한 부엌
아궁이에 고깃덩이 하나를 던진다

떫은 감이 홍시가 되고
닳고 닳은 손금이 세월에 새겨지면
손끝에선 맛있는 냄새가 익는다

소고기에 풀냄새 한 가득
매운 잔소리 한 꼬집 넣으면
엄마표 육개장 한 그릇 배달된다

삶의 묵은때가 건더기처럼 엉겨
누더기가 될 때까지 씹는다
뜨거운 김이 눈물 되어 가슴을 적신다

엄마의 맛 II

삼계탕이 끓고 있다
낡은 마당 기울어진 가마솥에서

어린 손자 부지깽이 장단에
사위는 부서진 창고에 리듬을 박고

막내딸은 엄마를 등에 업고
자장가를 부른다

붕어빵에 붕어는 죽었지만
삼계탕엔 닭이 홰를 치며 묻는다

엄마의 굽은 등이 잘 익었는지
엄마의 패인 주름이 맛있는지

그리움의 고명을 얹어
맛있는 추억이 되려면

무엇을 더 넣어야 할까
얼마나 더 끓여야 할까

가는 인생

방앗간 하늘에 광목천이 흩날리듯
기다란 국수가 하얗게 춤을 추면
마을 앞산이 하나둘 모인다

한 그릇 먹고 "지화자"
두 그릇 먹고 "좋-다"
노랫소리 절로 나는 국수 가락

빨갛게 익은 고추가 잠자리와 씨름하고
들판 가득 노란 벼들이 고개를 들면
굽었던 내 등이 솟대처럼 펴진다

머리 위 하얗게 핀 잡초는
가느다란 실이 되어 목숨을 꿰매고
끊어지지 않는 국수는 계속 삶아지고

당신의 선택

오일장에 값싼 고등어 한 마리
비릿함에 속이 메스껍다

자식(곡식) 팔아 사 온 갈치 두 마리
구이를 할까 조림을 할까

노릇노릇 생선살은 간데없고
먹다 남은 뼈다귀만 시름 속에 잠긴다

가시 박힌 시누이 눈초리
날카롭게 목구멍을 찌르고

하얗게 질려버린 밥상에
생선 눈알 굴러가면

건져지지 않는 살을 발라
자식들 숟가락에 얹어주고

당신은 멀건 국물에
빈 숟가락을 담근다

탄생

살과 살이 맞대어
조그만 생명을 잉태한 밤
고요한 달빛이 숨어들고

몸을 숙여 너를 만지고
어둠이 새벽을 알릴 때
세상은 울음으로 가득 차고

미역국 한 그릇에
무심히 엄마 얼굴 떠올라
젖가슴엔 세월이 흐르고

자궁에서 떨어진 날도
이렇게 사위가 어두웠다고
추위를 타는 건 다 그 때문이라고

탄생과 탄생 사이에

검붉은 바다가 이어지고
숨은 달빛이 흐르고

밥집 ; 소.소.반(愫.疏.盤)

온아

온아하게 나이 들며 소소한 행복을 누리고픈 워킹맘

새벽 6시, 습관적으로 눈을 뜬 현은 눈을 다시 감으며 이불을 끌어당겼다. 퇴사 후 주어진 정당한 늦잠임에도 몸이 기억하는 출근 습관 때문에 온전히 누리지 못하고 있었다. 다시 눈을 떴을 때는 해가 중천이었다. 고양이 세수를 하고 대충 겉옷을 걸치고 털레털레 밖으로 나갔다. 이른 봄, 선선한 기운이 배어 있는 공기에 햇살이 달큰하게 녹아들어 있었다. 시장에 들어서자 큼지막한 배가 현의 눈길을 사로잡았다. 배 하나를 들어 계산을 마치고 정육점에 들러 불고깃감으로 얇게 썬 돼지 목살을 샀다. 당근, 양파, 마늘 정도는 있으니 간장 비율만 잘 맞추면 될 것이다. 대파와 청양고추도 썰어 넣기로 한다. 그는 점심부터 고기를 먹을 생각에 흥얼거렸다. 든든하게 배를 채운 현은 가게 안의 불고기 단내를 묵직한 커피 향으로 밀어냈다. 잠시 숨을 고르고 무언가 계산하는 눈으로 공간 구석구석을 살피고는 본격적으로 움직였다. 몇 시간 후, 현이 서 있는 공간은 겨우 봐줄 만하게 정리가 되었다. 퇴직금과 자취방 월세 보증금으로 마련한, 이제는 그의 것이 된 작은 가게에는 방도 하나 딸려있었다. 어느새 어둠이 내려앉았다. 가로등이 하나둘 켜지고 조명을 켠 가게의 테이블에 비빔밥 한 그릇이 주인공인 상이 차려졌다. 따끈한 밥 위에 냉장고에 남은 반찬을 털어 넣고 달걀프라이를 얹은 후, 고추장 한 스푼을 툭. 참기름도 둘렀다. 투박하지만 새롭게 시작하는 그만의 공간에서 직접 해 먹는 두 번째 식사였다. 한 숟가락 떠 입에 넣은 현은 담백한 맛이 만족스러운 듯 살짝 고개를 끄덕였다. 복잡한 듯 얽히지만 단출한 한 그릇이 보약이라도 되는 듯 밥 한 톨 남지 않게 싹싹 긁어 먹었다. 깨끗하게 비워진 그릇을 바라보는 그의 표정은 고요했지만 그의 뒤로 보이는 방안 책상 벽면에는 수많은 메모가 빼곡하게 자리했다. 테이블 위로 떨어지는 조명 빛이 적당한 온도로 그를 감쌌다.

가게를 오픈하고 이틀째인 늦은 밤, 테스트 삼아 켜둔 간판 불빛이 조용히 빛나는 가게 안에서 현은 김치찌개를 끓였다. 가스레인지 위에서 보글보글 끓어오르는 소리에 굳어 있던 현의 표정이 풀어졌다. 신김치를 푹 익힌 찌개는 쌀뜨물 덕에 깊은 맛을 냈고, 목살의 기름이 잘 녹아들어 더욱 고소했다. 찌개가 완성되자 흰쌀밥을 소복이 담고, 살얼음 낀 소주 한 잔을 곁들였다. 지잉 울리는 진동 알림에 현은 폰을 들어 채팅창을 열었다. 가장 상단 제이라는 이름 아래로 '나 언제 가?'라는 메시지가 보였다. 가장 먼저 초대해야 할 사람. '먹고 싶은 거 말해봐.' 현은 간단히 답을 하고 식사를 이어갔다. 그런 그의 얼굴에는 미소가 번져 있었다. 제이는 특별한 음식보다는 편안한 음식이 어울리는 사람이다. 대인관계에 있어 항상 적정 거리를 유지하는 그에게 긴장감을 내려놓도록 하는 특별한 친구였다. 아무 말 없이 현의 결정을 지지해 준 유일한 사람. 잠시 술잔을 내려놓고 눈앞의 김치찌개에 시선을 보낸다. 익숙하지만 빨간 국물도, 시큼하며 매운 냄새도 자극적이었다. 똑같이 익숙하지만 자극적이지 않고 따뜻함이 느껴지는 음식으로는 된장찌개가 있다. 제이가 먹고 싶다 답해온 갈비찜과 제법 어울리는 조합이다.

다음날, 현은 해물 육수에 아껴두었던 할머니 막장을 풀고, 애호박과 두부를 썰어 넣었다. 살짝 볶아 넣은 소고기 향까지 더해져 진한 향이 퍼졌다. 마지막으로 청양고추까지 넣으니 얼큰하고도 깔끔한 국물이 완성됐다. 찌개가 끓어오를 때, 문이 열리고 제이가 들어섰다.

"어서 와."

현은 미소 지으며 뚝배기를 세팅된 테이블에 올

렸다. 테이블 위, 또 하나의 뚝배기에서도 군침 도는 향이 피어올랐다. 제이는 눈앞의 갈비찜을 보며 눈을 반짝였다. 간장이 스며든 감자와 당근, 윤이 나는 짙은 갈색의 갈빗살, 초록 쪽파와 깨가 흩뿌려진 정성스러운 빛깔에 현의 정성이 고스란히 담겨있었다. 몇 시간을 고이 핏물을 빼고, 손수 삶아낸 그의 노고에 감응하듯 제이의 입은 예쁜 호선을 그렸다. 자리에 앉아 손목을 살짝 덮고 있던 소매를 걷어 올린 그녀는 젓가락을 들어 갈비를 한입 베어 물었다.

"생각 이상인걸~."

남은 갈빗살을 마저 입에 담고 꼭꼭 씹어 꿀꺽, 이어 된장찌개를 맛보고는 제이는 탄성을 질렀다.

"뭐야, 이거 왜 이렇게 맛있어!"

처음 보는 제이의 탄성에 현의 눈이 잠깐 사이에 커졌다가 제자리를 잡고는 그저 웃었다. 맛있는 음식에 신이 난 제이는 음식 칭찬을 시작으로 준비는 힘들지 않았는지, 자신이 도울 것은 없는지, 자주 와도 되는지 질문 세례와 현이 자리를 비운 후 사무실에서 있었던 일들까지 한참을 쏟아냈다. 두 사람의 밤이 조금씩 익어가고 있었다.

현은 하루 두 팀 예약제로, 간단한 사연과 함께 메뉴도 사전에 주문받았다. 오픈 초반에는 생소한지 통 예약이 없다 드디어 첫 주문이 들어왔다.

"이런 요청도 될지 모르겠습니다. 엄마표 잡채가 먹고 싶은데…. 가능하다면 전날 해서 식은 잡채를 프라이팬에 볶아주셨으면 합니다."

사연은 없었지만 어떤 마음인지 알 것 같은 그였다. 현 또한 잡채를 좋아했다. 아들이 집에 온다는 연락에 좋아하는 음식을 미리 해두고 기다리다 제때 도착하지 못하면 갓 만든 것처럼 데워주시는 어머니의 사랑이 담긴 잡채를. 현은 고민 끝에 호박전과 육전을 함께 준비하고 잡곡밥과 소고기뭇국을 준비했다. 차려진 음식을 한참 말없이 바라보던 자매 손님은 조용히 식사를 마쳤다.

"이런 식당이었군요. 비싼 가격이 아니었네요. 이렇게까지 준비해 주실 줄은 몰랐어요. 동생이… 엄마 잡채가 먹고 싶다는데 저는 음식엔 재능이 없어서요. 그저 잡채 맛만 비슷하면 좋겠다 생각했는데 밥 먹는 내내 오랜만에 마음껏 엄마 생각을 했어요. 그동안 많이 참았었거든요."

자매의 어머니는 갑작스레 말기 암 진단을 받고 짧은 투병 끝에 돌아가셨다. 어머니의 빈자리는 컸지만 살아내느라 그리움은 켜켜이 묻어 두었다. 엄마를 떠올릴 무언가는 애써 외면하며 그렇게 견뎌냈다. 현의 요리가 자매의 어머니 손맛과 같지는 않았을 것이다. 그럼에도 어딘가 닮아 있는 따뜻한 음식에 자매는 참아왔던 그리움을 터트릴 수 있었다.

 이어진 두 번째 주문은 조촐한 장례식을 마친 남겨진 이들이 하는 식사라 했다. 가족 없이 홀로 살아온 이를 떠나보내는 장례식은 여느 장례식과는 달랐다. 장례식장을 거치지 않고 고인은 바로 화장터로 옮겨졌고 오랜 시간 함께한 세 친구는 고인이 즐겨 찾았던 강가에 서 훌훌 흘려보내 주었다 했다. 현은 육개장 재료를 하나하나 공들여 손질했다. 국물을 깊게 우려내려 전날부터 불에 올렸다. 고사리와 파, 고춧가루를 아낌없이 넣고, 양지는 오래 삶아 부드럽게 찢었다. 장례식장에서 먹는 육개장은 슬픔 속에서조차 고인의 따스함을 느끼게 하는 음식으로 마지막 가는 길 배웅해 준 이들을 향한 대접이었다. 4인분이 차려진 테이블에 잠깐 멈칫했던 세 친구는 말없이 자리에 앉았고 빈자리 옆에 앉은 이가 물

병을 들어 네 개의 컵에 물을 따르며 말했다.
"이거 정찬이가 사는 밥이다."
 현이 정성을 다해 끓여낸 육개장은 소중한 이를 떠나보낸 세 사람의 공허한 마음에 작은 위로가 되었다.

 며칠 후 이른 아침, 덜그럭거리는 소리에 나와 보니 주방에 선 제이가 머쓱하게 웃었다.
"미역국 끓여보려 했는데…."
 양푼엔 둘이 먹기엔 양이 넘치는 불은 미역이 한가득 하고 제이는 그 앞에서 우왕좌왕하고 있었다.
"미역국은 왜…? 아!"
 현은 탁상 달력을 쓰윽 보고는 헛웃음을 지었다. 오늘은 그의 생일이다.
"달걀프라이라도 내가…."
 제이의 기어들어 가는 작은 소리에 현은 피식 웃었다. 참기름에 달달 볶은 미역과 소고기가 뽀얗게 우러난 국물이 정갈하게 담겼다. 그 옆 접시에는 노른자가 터져 엉망인 달걀프라이가 자리했다. 보여지는 것과는 다르게 고소한 냄새는 잘 어우러졌다. 그의 작년 생일은 며칠간 이어진 마감 철야로 지칠 대로 지쳐있었다. 제이의 성화에 못 이겨 동료들과 퇴근길에 간단히 치맥을 하고 집에 도착하자마자 쓰러지듯 잠들었었다. 그날과는 너무나도 달라진 오늘이었다. 이제는 전날 예약 내용을 확인하고 다음 날 아침 이르게 장을 보고 재료를 준비하는 것이 그의 일상이 되었다. 생일마저도 무언가 소소한 편안함으로 변화된 거 같아 현은 새삼스레 놀랐다.

제법 찬바람이 옷 속을 파고들기 시작한 늦가을 어느 날, 특정 메뉴는 없이 정년퇴직하시는 아버지를 위한 한 상차림 주문이 들어왔다. 하루 동안 사골과 우족의 핏물을 빼고 국물이 진하게 우러나도록 서너 시간을 끓여낸 뜨끈한 설렁탕은 마음을 다해 준비한 아버지를 위한 헌사였다. 직접 만들 자신은 없지만 아버지의 오랜 노고에 감사를 전하는 마음을 온기 가득한 음식에 담고 싶다 했다. 현은 따로 준비한 야들하게 편썬 소고기 양지머리를 듬뿍 담고 다정히 파를 송송 썰어 넣었다. 우윳빛 국물이 무척이나 부드러워 보였다.

어느덧 1년이란 시간이 쌓이고 현의 식당은 어느 정도 자리가 잡혔다. 그는 그동안 미뤄왔던 소중한 이를 초대했다. 조심스레 갈치를 냄비에 올리고 양념장을 부었다. 현의 어릴 적, 그의 어머니는 종종 갈치조림을 밥상에 올렸다. 밥상 앞에는 가시가 많아서 먹기 힘들다고 투덜대는 철없는 어린아이가 앉아 있었다. 갈치조림이 올라오는 날은 아버지의 부재가 컸거나 어머니에게 무언가 깊은 고민이 있었던 날이었다는 걸 현이 알게 된 건 초등학교와 중학교 두 번의 졸업 후였다. 은빛 갈치가 붉은 양념에 잘 익어가도록 불 조절을 하며 기다리는 시간 동안 현의 얼굴엔 먹구름이 머물렀다. 갈치가 부드럽게 조려지자 그는 젓가락으로 가시를 발라내어 작은 접시에 담았다.

"엄마, 많이 드세요."

현의 어머니는 빙그레 웃으며 접시를 받아 앞에 두고는 아들의 얼굴을 살폈다. 아빠 없이 자란 티 난다는 소리 듣지 않도록 눈치 한번 주지 않고 제 하고 싶은 대로 하도록 자유로이 키운 아들이었다. 어긋남 없이, 큰 사고 없이 잘 자라주어 그저 고마웠지만 퇴사 후 식당을 하겠다는 결정은 그녀에겐 반갑지 않았다. 혹여나 식당 일하며 키워 영향이 된 것은 아닌지 곱씹게 되었다. 그럼에도 반대하지는 못했다. 어려서부터 현은 하고 싶은 것이 있거나 갖고 싶은 것이 있으면 엄마에게 해달라거나 사달라는 말을 하지 않았고 아르바이트를 두세 개해서라도 기어이 이뤘다. 그런 아들이었기에 기다렸다. 그리고 기대했다. 이 아이가 얼마나 어여쁜 표정으로 음식을 담아낼지를.

 점심시간에 맞춰 현은 조심스레 김밥을 말았다. 밥알 하나하나가 다시마 육수를 머금어 윤기가 돌았고, 간장에 졸인 우엉이 은은한 풍미를 더했다. 팬에 계란 흰자와 노른자를 각각 풀어 김밥에 옷을 입혔다. 어느 소풍날 친구가 나눠 주었다는 김밥이 그대로 재현되었다. 김밥을 완성하고 접시에 담으려던 현의 손이 멈추고 뒤돌아 장에서 찬합을 꺼냈다. 3개 층의 찬합 한 층엔 김밥이 가지런히 담겼고 또 하나에는 유부초밥과 문어 모양 소시지, 삶아서 껍질을 벗긴 새하얀 메추리알이, 마지막 찬합엔 닭 안심살 샐러드와 방울토마토를 비롯한 서너 가지 과일이 모양 좋게 담겼다. 층층이 쌓은 찬합을 중심으로 마주 보는 자리에 각각 앞접시와 곁들일 반찬, 김이 모락모락 올라오는 국물이 놓였다. 손님이 도착할 시간이 되자 현은 출입문 앞에서 기웃하고는 멀리서 도란도란 이야기 나누며 걸어오는 두 사람의 모습에 화들짝 놀라 제자리로 돌아왔다. 잠시 후 문을 열고 들어온 두 사람은 어정쩡하게 서 있다가 뒤로 주춤하는 현을 마주하고는 살짝 웃음을 터트리며 인사를 건넸다. 테이블에 놓인 찬합에 서로의 눈빛을 교환하다 상기된 표정으로 뚜껑을 열고 한 칸씩 내려놓았고 이내 현의 작은 식당은 두 사람의 웃음과 추억거리로 가득 찼다.

또 다른 날의 주문은 학교 앞 떡볶이였다. 특별한 사연은 없었지만 현은 그 맛을 머릿속으로 그려보았다. 쫄깃한 떡에 진득한 양념이 배어 매콤달콤한 맛을 내는, 어릴 적 친구들과 어울려 먹던 학창 시절의 맛. 가래떡을 한입 크기로 자르고, 매콤한 고추장 양념에 어묵과 대파를 넣어 자작하게 끓였다. 맛이 들기 시작하며 퍼지는 향에 현은 잠시 멍한 표정이 되었다. 현에게도 친한 친구 한둘과 각자 오늘은 얼마가 있는지 몇 인분을 시킬지 고민하며 적은 양에도 그저 맛있다 즐거워하고 웃고 떠들었던 날들이 있었다. 그는 다홍이라 말하기엔 빨강에 가까운, 빨강이라 하기엔 주홍빛이 감도는 떡볶이에 고소함을 더할 깨를 솔솔 뿌렸다.

김밥과 떡볶이 같은 누구나 비슷한 추억을 떠올리는 음식이 있다. 어쩌면 이 나라, 대한민국에서 학창 시절을 보낸 이라면 당연하게도 기억하고 아는 맛이다. 익숙하고도 흔한 맛임에도 그 시절 그날과 같은 맛을 느끼려면 함께했던 친구가 있어야 하는 특별한 음식이다.

현은 오랜만에 해물파전을 부쳤다. 기름이 지글지글 뜨거워지자, 잘게 썬 오징어와 새우를 반죽 위에 듬뿍 얹고는 파를 가지런히 놓았다. 잘 풀은 달걀을 두르고 바삭한 테두리가 생기도록 기름 추가. 파전의 고소한 향이 퍼지자 제이가 슬며시 고개를 들이밀었다.
"한 잔?"
현이 말하자 제이는 당연하다는 듯 미소 지었다. 바삭한 테두리와 쫄깃한 오징어가 씹히는 파전 한 조각, 그리고 시원한 막걸리. 두 사람은 말없이 맛을 음미하며 묵묵히 잔을 기울였다.

제이는 여전히 깊이 잠들어 있었다. 현은 어둑한 새벽을 밀어내며 콩나물을 다듬고 해물다시팩으로 육수를 끓여 잘 익은 김치를 투하했다. 김칫국물과 꽃게 액젓으로 간을 하고 다진 마늘, 대파, 청양고추를 더했다. 마지막으로 콩나물 듬뿍. 매콤하고 시원한 향이 퍼졌다. 속내를 잘 드러내지 않는 제이가 취할 정도라면 마음 깊이 묻어둔 무언가가 있었던 모양이다. 그날 저녁, 아침에 먹고 간 콩나물국 덕분에 속이 풀린 건지 숙취의 잔재가 전혀 보이지 않는 제이는 삼겹살을 뒤집으며 태연하게 말했다.

"네가 만든 음식이 술을 부르잖아."

비빔냉면 위에 올리려던 홍어회 무침이 노릇하게 구운 삼겹살 위로 올려졌다. 매콤새콤 미나리 향을 머금은 홍어와 고소한 삼겹살 조합에 소주가 빠질 리 없었다. 현은 술병을 꺼내며 투덜댔다.

"여기 밥집이야, 술집 아니라고."

제이는 웃으며 잔을 들이밀었다.

"그럼 반주라 생각해."

현은 너털웃음을 지으며 잔을 채웠다. 작은 가게 안에 소주잔을 부딪치는 경쾌한 소리가 울려 퍼졌다.

지인의 결혼식에서 제대로 식사를 하지 못한 현은 퀭한 얼굴로 냉장고를 열었다. 마땅한 재료가 없어 문을 닫고 주방 서랍장에서 멸치다시팩과 소면을 꺼냈다. 적당히 삶아 찬물에 씻어낸 소면에 멸치 육수를 붓고 채를 썰어 후루룩 볶아낸 당근과 애호박을 얹었다. 작은 그릇에 김치를 종종 썰어 담았다. 국물 한 숟갈을 떠먹으니 그제야 현의 얼굴에 온기가 돌았다. 간소하지만 정성스러운 맛이었다.

"남의 잔치에선 굶고 와서 혼자 먹는 잔치국수라니."

현이 혼잣말을 중얼거리는데 양손 가득한 제이가 가게로 들어섰다.

"결혼식 다녀온다더니 웬 잔치국수?"

제이는 검정비닐 봉투를 테이블 위에 내려놨다. 현은 국수를 후루룩 들이켜며 고개를 절레절레 흔들었다.

"그건 뭐야?"

"시장 지나는데 청국장 냄새가 진동하더라고. 결혼식에선 절대 안 나올 음식이지? 너 생각해서 사 온 건데."

현은 봉투를 열어 냄새를 맡고는 피식 웃었다.

"네가 먹고 싶었던 건 아니고?"

뭐라 변명하려는 제이를 두고 현은 재료를 들고 주방으로 갔다. 곧 구수한 청국장찌개 냄새로 가득 찼다.

"우리 춘천 갈까?"

마감 정리를 돕던 제이가 말했다. 요즘 들어 먹

고 싶은 메뉴가 있으면 지명을 들먹인다. 그냥 먹고 싶다고 말해도 될 텐데 틈날 때마다 '춘천' 노래를 부르는 제이였다. 현은 혀를 차며 냉장고에서 양념에 재워둔 닭갈비를 꺼냈다.

"눈꽃 치즈는?"

함박웃음을 머금고 묻는 제이를 보며 현은 잠깐 멈칫했지만 바람 빠지는 소리를 내며 마주 웃었다. 양념이 자작하게 졸아들고 치즈를 듬뿍 뿌려졌다. 일주일에 이삼일은 가게로 오는 제이가 있는 일상이 너무나 당연해진 현이었다.

"어떻게 시래기가 입에서 녹을 수가 있어? 와. 뼈가 자동으로 분리되네. 도대체 얼마나 끓인 거야?"

제이는 손도 입도 바빴다. 쉬지 않고 먹으며 말도 쏟아내는 제이가 그저 신기했다.

"네가 이렇게 말 많고 잘 먹는다는 걸 왜 몰랐을까."

혼잣말처럼 중얼거리는 현을 흘끗 보곤 제이가 말했다.

"왜, 반할 거 같아?"

말문이 막힌 현이 큼직한 등뼈를 건져 제이에게 건넸다. 그만 말하고 먹기나 하란 뜻이었지만 제이는 야무지게 뼈를 발라내며 말을 이었다.
"내가 너한테 반했었어."
 두 사람은 현이 이직한 여름, 팀에서 콩국수 먹으러 갔던 날을 떠올렸다. 테이블엔 소금만 있었고 모두 당연하다는 듯 소금을 넣었다. 제이는 어쩌질 못하고 머뭇거리는데 현이 조용히 일어나 주방에 다녀오더니 제이 앞에 설탕을 놓아주었다. 그런 현에게 눈이 갔지만 있던 연애 세포도 흔적 없이 사라지는 업무 환경에서 우정이 앞서 컸다. 그리고 현이 퇴사했다. 현의 음식들은 제이가 잊었던 설렘을 상기시키며 다시 현에게 반하기에 충분했다.
"오늘도 반했고."
 고개를 들어 제이를 바라보며 현이 답했다.
"그럼… 내일은 삼겹살 구워 먹자."
 현의 엉뚱한 답에 제이도 고개를 들었다. 눈을 마주친 현이 이어 말했다.
"나는 너 삼겹살 먹는 모습에 반했거든."
 제이의 눈이 휘둥그레졌다. 현이 아는 이전의 제이는 입이 짧았다. 깨끗이 비운 그릇을 보기 힘들었다. 유일하게 정말 즐거워하며 먹는 모습을 보이는 건 삼겹살을 먹을 때였다. 깻잎에 잘 구워진 삼겹살을 기름장 찍어 얹고 구운 마늘에 고추 한 점, 쌈장 약간. 본인 입 크기에 딱 맞게 싼 쌈을 입에 머금고 오물오물 먹는 모습이 다람쥐 같았다.

시작은 혼자였지만 이제는 둘이 된 공간에서 현은 오늘도 따뜻한 한술에 진심을 곁들여 누군가를 위한 밥상을 차린다.

"안녕하세요. 밥집; 소소반입니다. 선물이 되는 밥상, 마음을 담은 밥상, 당신만의 이야기가 있는 밥상을 준비해 드립니다. 따뜻한 식사하러 오세요."

익숙한 음식의 숨은 이야기

심윤수

작은 정원을 가꾸며 5마리 고양이와 함께 사는 퍼실리테이터

된장찌개

휴대전화 작은 화면 속 유튜버는 황홀한 표정을 지으며 엄청난 양의 음식을 먹고 또 먹는다. 맵고 짜고 달고 기름진 음식들이 휴대전화 화면을 가득 채운다. 화면 속 음식은 냄새도 맡을 수 없고 맛도 볼 수 없지만, 살아오면서 이미 한 번쯤은 먹어본 음식들이라 이른바 '아는 맛'이다. 아는 맛이 무섭다고 했던가. 나의 뇌는 이미 코의 융털과 침샘에 전기 자극을 보내 반응을 하라고 독촉한다. 음식은 실제 내 눈앞에 없지만, 나의 코는 기억 속 냄새의 형태를 찾아내고 직접 냄새를 맡은 것처럼 코끝을 움찔움찔하게 한다. 침샘도 무색하게 터져 나온다. 하지만 이내 자극적인 맛에 온 감각들이 피로해진다. 그때, 전광석화와 같이 뇌를 거쳐 코끝과 입안에 느껴지는 맛, 우거지를 뭉근하게 데쳐 넣고 바글바글 끓인 된장찌개의 심심하고 구수한 향이 진짜로 먹지 않아도 지친 감각을 달래주는 느낌이다.

된장찌개는 일상의 식탁에서 늘, 그리고 자주 그 주인 자리를 차지하는 단골 메뉴다. 그리고 일상의 식탁 한가운데를 채우는 데에만 그치지 않는다. 영화나 드라마에서 엄마의 사랑이나 상대의 따뜻한 모습을 보여줄 때 보글보글 잘 끓은 된장찌개를 식탁에 내어놓는 장면이 많이 나온다. 그뿐인가 식당에서 돼지고기를 먹든, 소고기를 먹든 기름져 부담스러운 속을 다스리는 데는 된장찌개만 한 것이 없다. '대한민국에 살면서 된장찌개를 싫어하는 사람이 있을까?'라는 생각이 들 만큼 된장찌개는 우리에게 친숙하다. 다시마나 밴댕이, 건새우로 육수를 내어 잘 발효되어 감칠맛과 단맛, 구수한 맛이 잘 어우러진 된장을 풀어 애호박과 두부를 큼직큼직하게 썰어 넣어 끓인 된장찌개는 국물 한 숟가락 만으로도 따뜻한 엄마의 마음을 느끼고 금세 건강해지는 것 같다.

된장찌개의 맛을 좌우하는 것은 당연히 된장이다. 된장은 잘 알려진 바와 같이 콩으로 만든다.

된장을 비롯한 콩으로 만든 발효식품이 우리나라 식탁에 자주 출연하게 된 계기는 무엇일까? 그 이유는 우리나라가 만주와 함께 콩의 원산지이기 때문이다. 특히 된장은 메주콩이라고 하는 노랗고 동그란 모양의 콩으로 만든다. 메주콩은 대두(大豆)라고도 하는데 이 콩을 삶아 갈아 두유를 만들거나 두부를 만들기도 한다. 신기한 것은 된장이나 두부, 두유 모두 같은 콩을 활용하여 만들지만 완전히 다른 모양으로 만들어진다는 것이다. 말하자면, 변신의 귀재인 것이다. 된장을 만들기 위해서는 우선 이 메주콩을 쪄야 한다. 잘 쪄진 김이 모락모락 나고 바둑알처럼 반들반들한 메주콩은 한 숟가락 떠서 호호 불어 먹어보면 그 고소함에 깜짝 놀라게 된다. 이 달큰하고 고소한 메주콩을 삶아 만든 것이 된장의 주재료인 메주다. 메주는 대개 동짓달(음력 11월)에 쑨다. 메주콩에 물을 부어 콩이 뭉근하게 짓이겨질 때까지 푹 삶는다. 잘 삶아진 콩을 치대어 덩어리를 만들고 지푸라기로 열 십자(十)로 묶어 따뜻한 온돌방에 매달아 노란 곰팡이가 생길 때까지 둔다. 이런 과정을 '메주를 띄운다'고 말한다.

사실, 된장의 색과 질감, 향기는 잘 모르는 사람들이 오해를 할 만한 여지가 다분하다. 지금은 한국의 먹거리로 된장, 고추장, 간장 등이 외국에 제법 알려졌지만, 오래전 TV에서는 된장에 대해 잘 모르는 외국 사람들은 된장의 색깔과 모양을 보고 똥으로 오해하고 화들짝 놀라는 장면을 보여 주기도 해서 그 모습을 보고 어린 마음에 깔깔대며 웃었던 기억도 있다. 오죽하면 '똥인지 된장인지 찍어 먹어봐야 안다.'라는 말로 똥과 된장이 외형적 유사함을 활용한 속담도 있을까. 물론 저 속담의 속뜻은 딱 보고도 알 수 있는 것을 굳이 직접 확인하려고 함을 꼬집는 말이기는 하지만 말이다.

 도저히 음식이 될 것 같지 않은 이 된장이 다른 식재료를 만나면 잘 어우러진다. 특히 신기하게도 재료가 가지고 있는 본연의 맛이 더 드러나게 만든다. 된장찌개는 된장의 맛이 더욱 깊어지고 조개를 넣어도, 고기를 넣어도, 게나 새우와 같은 재료도 마찬가지다. 냉이는 또 어떠한가. 봄철 봄의 기운을 가득 품고 있는 냉이를 사용해 된장찌개를 끓이면 된장은 어느새 냉이의 씁쓸하고 푸릇한 맛이 온 입안에서 춤을 출 수 있도록 음악을 틀어 놓은 듯 냉이를 주인공으로 만들어준다.

된장의 큰 장점은 재료가 가지고 있는 원래의 맛과 향을 살리는 방향으로 진화한다는 점이다. 자극적인 음식이 잠깐의 기쁨을 주고 호기심을 채워줄지는 모른다. 하지만 점점 세상은 복잡해지고 사랑도 관계도 어렵게만 느껴져 찬바람이 마음을 얼게 만들어 외로운 세상이다. 그때 그 어디에도 없는 따뜻한 위로와 사랑을 느끼고 싶은 순간, 구수한 냄새와 뜨거운 된장찌개 국물을 한 숟가락 떠서 꿀꺽 삼키면 뜨뜻한 그 온기가 심장에서 시작해 차가운 손과 발끝으로 흘러 따뜻해진다.

올해로 88세, 친정엄마의 시간은 점차로 줄어들고 있다. 최근 한 달간 세 번이나 넘어지신 탓에 병원 방문이 잦았다. 큰 우려로 뇌 CT를 찍고 검사를 했지만 크게 다치지는 않으셨지만 놀라신 탓에 갑자기 기력에 쇠해지셨다. 그로 인해 식사를 도통 하지 못하시게 되었다. 염려스러운 마음에 엄마께 뭐가 드시고 싶으시냐고 물었다.

"된장을 좀 풀고 굴을 넣어서 굴 된장국을 끓여줄래? 그거 먹으면 좀 기운이 날 것 같은데."라고 말씀하시면서 기운이 없는 눈으로 나를 바라보셨다. 엄마의 눈을 마주친 순간 나도 모르게 울

컥, 목구멍이 답답해졌다. 아무래도 계속 낙상을 하시는 것에 많이 놀라신 것이 마음의 병이 되는 듯했다. 아무렇지 않은 척 목을 가다듬고 엄마한테 말했다.

"그래? 그럼 제가 맛있게 끓여드릴게요. 대신 기운을 내야 해!"

"알았어."라고 힘없이 말씀하시면서 고개를 돌려 마당을 내다보신다.

때마침 통영에서 배송되어 온 싱싱한 굴이 있어 깨끗이 씻어 물이 빠지게 두었다. 올봄에 담은 된장은 오랫동안 엄마와 함께 세월을 보낸 반들반들하게 잘 닦인 항아리에 담겨 마당에서 햇빛이 제일 잘 들고 바람이 잘 다니는 곳에 자리하고 있었다. 묵직한 뚜껑을 열고 보니 널찍한 다시마들이 된장의 표면을 잘 덮어 숙성을 돕고 있었다. 조금 색이 변한 된장의 표면을 걷어내니, 밝고 윤기가 흐르고 구수한 향이 풍기는 된장이 수줍게 자신의 모습을 드러내었다. 된장을 잘 뜨고 다시 다시마들로 덮으며 '맛있게 잘 익어라.'라고 혼잣말을 한다.

겨울철 제맛인 제주도산 무를 칼로 턱 자르니 뽀얀 살 속 무즙이 터져 나온다. 한 조각 잘라 입에 넣어 오물오물 씹으니 겨울 무 특유의 맵싸하고 시원한 무즙이 입안 가득하다. 되었다. 이 정도면 된장과 잘 어우러져 시원한 된장국이 될 것이다. 특별히 바싹 마른 밴댕이를 두 마리 넣고 된장을 잘 풀어 바글바글 끓였다. 그리고 통영 바다의 시원한 푸른 바다향을 가득 담은 굴을 된장국에 넣어 끓인다. 굴은 오래 끓일수록 비린 맛과 쓴맛이 우러나올 수 있으니 굴이 살짝 익을 정도만 끓인다. 바다의 향과 제주의 흙의 향, 그리고 엄마의 손맛, 그리고 나의 염려와 기원이 어우러진 통영굴무된장국이 완성되었다.

갓 지은 햅쌀밥과 함께 완성된 된장국을 엄마는 천천히 드셨다. 그리고 말씀하셨다.

"쓰겄다. 고맙다."

음식에 있어 칭찬을 잘 하지 않으시는 엄마가 맛있다고 하셨다. 나의 마음이 통해서이리라.

엄마의 된장찌개로 나는 자라났다. 그렇게 자라나 이젠 엄마의 마음을 위로하고 내 가족의 자라남을 위해 된장찌개를 끓인다.

된장찌개에 담긴 나의 사랑으로 내 가족들이 자극적이고 피로한 삶의 순간에 언제든 위안을 주고, 위안을 얻을 수 있는 속을 편안하게 해주는 심심한 제맛과 향기를 품은 된장찌개 같은 따뜻한 삶을 살아가길 바란다.

육개장

 최근 육개장을 집에서 요리한 적이 언제더라? 아이들이 어릴 때는 종종 집에서 끓여 먹었는데 언제부터인지 잘 먹지 않게 되었다. 맛은 둘째치고 만드는 과정이 녹록지 않아서였다. 맛이 있고 잘 끓여 놓으면 식구들이 좋아해 과정의 번잡함이 있어도 자주 끓여 먹었다. 하지만 요즘엔 레토르트 파우치나 밀키트로 뚝딱 만들어 먹을 수 있다 보니 직접 끓이는 일이 점점 줄어들고 있다.

 육개장은 한 그릇 뚝딱 먹으면 속이 풀어지고 힘이 생길 것 같은 보양음식이다. 소의 한 부위인 양지머리나 사태를 핏물을 잘 빼고 애벌로 삶아 알맞게 뜯어 갖은양념을 한 뒤 파를 넣고 고춧가루를 많이 넣어 얼큰하게 끓인 국이 육개장이다. 봄에서 가을까지 수확한 고사리며 토란대 등을 삶아 말려 놓았다가 소고기와 함께 넣어 비타민과 단백질을 보충할 수 있는 음식이다. 특히 겨울에는 대파를 듬뿍 넣어 파개장국을 끓여 먹기도 한다. 파개장국을 끓여 먹으면 특히 겨울철 감기를 대비할 수도 있다.

육개장은 예로부터 복날에 기력을 보충하기 위한 음식이었다. 본래 개장국의 형태로 개를 중심 재료로 사용하다가 일제강점기인 1890~1940년대부터 육개장의 형태로 바뀌었다고 한다. 그때도 개를 식재료로 사용하는 것을 싫어하는 사람들이 있었고 그들에 의해 소고기를 활용한 육개장이 개발되었던 것이다. 우리가 현재 먹는 것과 유사한 조리 방법을 가지게 된 것은 1950~1960년대부터라고 한다. 보양식으로 귀한 대접을 받아온 육개장은 오랫동안 식탁에서 가족들의 건강을 위한 음식으로 잘 자리 잡아 왔다. 소고기를 삶고 다시 찢어 국물을 만드는 복잡한 과정이 오히려 가족의 건강을 위해 귀하게 음식을 다루는 과정이 되었다.

작년, 나보다 한 살 위인 사촌 언니가 갑자기 암에 걸렸다. 이름도 희귀한 투명세포종이라는 악

성종양이었다. 암의 이름을 찾는 데만 3개월이 걸렸다. 투명세포종이라는 희귀한 암은 언니를 빠르게 잠식해 나갔다. 자궁과 다른 장기의 일부분에 걸쳐서 급하게 번지는 암을 없애기 위해 급하게 수술을 했다. 예후는 좋았다. 쉽게 앉았다 일어나기는 힘들었지만, 언니는 암을 잘 극복하고 항암치료를 병행하며 예전의 미소를 되찾아 나갔다.

올해 초 다시 만난 언니는 조금 초췌했지만 밝았다. 언니를 걱정하는 나를 보며 오히려 "윤수야, 너도 늘 건강 조심해. 나보다 네가 걱정이다."라고 말하며 밝게 웃었다. 수술 덕분에 좋아하는 아메리카노를 마시지 못해 너무 아쉽다는 언니의 말에 "얼른 나으면 내가 커피 10번 사줄게."라고 말하며 함께 웃었다.

그로부터 9개월 후, 언니는 사진 속에서 밝게 웃고 있었다. 언니가 좋아하는 아메리카노는 언니의 사진 앞에 놓여 차갑게 식어가고 있었다. 언니를 기억하는 사람들은 서로를 바라볼 때마다 눈물을 흘렸다. 사람들이 와자지껄 떠들며 언니를 기억하며 언니의 죽음과 삶의 이야기들을 늘어놓았다. 호스피스 병원에서의 마지막 언니의 모습, 언니의 말, 언니의 바람 등을 전해 들으며 삶이 무엇인지, 죽음이 무엇인지 등의 생각들로 머릿속이 복잡해졌다. 이내 장례식장을 가득 채운 조문객들을 대접하기 위한 음식들이 상 위에 놓였다. 삼색전, 가오리무침, 떡, 귤, 그리고 육개장. 플라스틱 숟가락을 들어 조금 식은 육개장 국물을 떠서 먹었다. 맛이 잘 느껴지지 않았다.

  가족의 건강을 북돋고 채우기 위해 마음으로 끓여졌던 육개장은 이제 다른 의미를 포함하는 음식이 되었다. 장례식장에 참석하는 조문객을 대접하는 음식으로 자리를 잡았다. 장례식장에 가서 조문한다는 말을 이제는 "가서 육개장 한 그릇 먹고 와야지."라고 이야기할 정도다. 장례식장에서 육개장을 조문객에게 대접한 이유가 궁금해졌다.
  '많은 음식들 중에 왜 육개장일까?' 장례는 가까운 누군가를 떠나보내는 슬픈 과정이다. 이렇게 슬프고 아픈 과정을 함께 하기 위해 기꺼이 방문한 손님들에게 귀한 소고기로 국물을 낸 육개장을 올리는 일은 조문객에 대한 고마움을 표시하는 일이었을 것이다. 먼 길 걸음을 해준 고마운 손님을 위해 조금이라도 손이 더 가고 정성이 들어간 음식을 대접하고 싶은 상주의 마음이 담긴 음식이 육개장이었다. 거기에 육개장에 들어간 고춧가루의 붉은 색이 혹시 모를 잡귀를 쫓아낼 수 있다고 믿었다. 또 3일에서 5일 동안 치루는 장례식에 한꺼번에 많이 끓이고 오랫동안 끓이면 끓일수록 맛이 더 나는 음식이기도 한 육개장을 대접했다.

어떤 장소에서든 육개장은 귀한 음식으로서 그 음식을 먹는 사람들의 건강과 안위를 걱정하고 대접한다는 의미를 담았다. 뜨끈한 국물은 오랫동안 우려낼수록 더 맛이 깊어졌다. 상대를 귀하게 여기고 감사하는 마음이 담긴 육개장으로 춥고 외로운 겨울을 건강하게 보내면 좋겠다.

콩나물국

 지금은 생일잔치나 집안 행사를 대부분 밖에서 치르는 일이 많지만, 예전에는 상다리가 휘어지게 음식을 만들어 손님을 대접하던 때가 있었다. 중학교 때였나, 그날도 음식을 만드는 일에 나도 작은 손을 더해야 하는 일이 있었다. 동네 아주머니들이 오셔서 나물을 다듬고 음식을 만드느라 분주하게 움직일 때 내가 해야 할 일은 콩나물 다듬기였다. 지금은 콩나물이 깔끔하게 다듬어지고 씻어져서 바로 음식을 하기에 좋은 형태로 포장되어 나오지만, 콩나물의 콩 껍질이나 뿌리를 다듬어야 했던 시절이었다. 나는 가장 작은 허드렛일인 콩나물 다듬기에 당첨된 것이었다. 그렇다고 절대 얕보면 안 되는 것이 내가 다듬어야 했던 콩나물의 양이 콩나물을 키우는 높이가 들어간 음식을 대접하고 싶은 상주의 마음이 담긴 음식이 육개장이었다. 거기에 육개장에 들어간 고춧가루의 붉은 색이 혹시 모를 잡귀를 쫓아낼 수 있다고 믿었다. 또 3일에서 5일 동안 치루는 장례식에 한꺼번에 많이 끓이고 오랫동안 끓이면 끓일수록 맛이 더 나는 음식이기도 한 육개장을 대접했다.

어떤 장소에서든 육개장은 귀한 음식으로서 그 음식을 먹는 사람들의 건강과 안위를 걱정하고 대접한다는 의미를 담았다. 뜨끈한 국물은 오랫동안 우려낼수록 더 맛이 깊어졌다. 상대를 귀하게 여기고 감사하는 마음이 담긴 육개장으로 춥고 외로운 겨울을 건강하게 보내면 좋겠다.

콩나물국

 지금은 생일잔치나 집안 행사를 대부분 밖에서 치르는 일이 많지만, 예전에는 상다리가 휘어지게 음식을 만들어 손님을 대접하던 때가 있었다. 중학교 때였나, 그날도 음식을 만드는 일에 나도 작은 손을 더해야 하는 일이 있었다. 동네 아주머니들이 오셔서 나물을 다듬고 음식을 만드느라 분주하게 움직일 때 내가 해야 할 일은 콩나물 다듬기였다. 지금은 콩나물이 깔끔하게 다듬어지고 씻어져서 바로 음식을 하기에 좋은 형태로 포장되어 나오지만, 콩나물의 콩 껍질이나 뿌리를 다듬어야 했던 시절이었다. 나는 가장 작은 허드렛일인 콩나물 다듬기에 당첨된 것이었다. 그렇다고 절대 얕보면 안 되는 것이 내가 다듬어야 했던 콩나물의 양이 콩나물을 키우는 높이가

50cm 정도 되는 고무통 하나였다는 것이다. 일에 서툰 중학생이 혼자서 다듬기에는 양이 좀 많았다. 어깨도, 등도 아프고 손은 콩나물의 물에 절어 쭈글쭈글해졌다. 그 경험이 어찌나 고되었던지 지금도 콩나물을 잘 먹지는 않는다. 그럼에도 콩나물무침이나 콩나물국, 콩나물 김칫국 등의 요리는 두 번 말하면 입이 아플 정도로 잘 만든다.

주부 몇 단 정도 될 때 상대의 음식 레벨을 가늠하기 위한 기준이 되는 음식이 몇 있는데, 잡채, 갈비찜 등의 잔치 음식들과 함께 김치 담그기 정도로 고수와 하수를 나눈다. 그리고 여기에 빠지지 않는 것이 콩나물국이다. 흔히 '콩나물국 좀 끓일 줄 알면 음식 좀 하는 사람이다.'라는 말이 있다. 자칭 콩나물국의 고수로서 이 말을 잘 곱씹어 보면 콩나물을 물에 넣어 다진 마늘과 다진 파, 그리고 소금으로만 만드는 이 간단한 음식에서 맛에 가장 큰 비중을 차지하는 것이 콩나물의 비린 맛과 '간'이기 때문이다. 사실 음식의 맛을 크게 좌우하는 것 중 하나는 적당한 간이다. 간을 잘 맞추는 사람은 음식이 화려하지 않아도 음식을 잘 한다는 말을 듣는다. 사람들마다 각기 다른 입맛을 가지고 산다. 그 입맛을 모두 맞추어 간을 내는 것이 어디 쉽겠는가? 콩나물국은 특히 콩나물만으로 맛을 내는 데 한계가 있고 오롯이 간으로만 승부해야 해서 평가가 박한 것이다. 어디 음식만 그러랴. 사람이 담백할수록 세간의 평가가 박하기 마련이다. 그 깊이와 진가를 알아보기 쉽지 않아서 그렇다.

 콩나물 하면 제일 먼저 떠오르는 것은 콩나물국밥이다. 이름 그대로 콩나물국에 밥을 말아 먹는 음식인데 저렴한 비용에 속을 든든하게 채울 수 있어서 인기가 많은 음식이다. 콩나물국밥을 만드는 방법은 사실 크게 어렵지 않다. 황태를 넣어 시원하게 우려낸 국물에 살짝 삶아 줄기의 아삭함이 살아있는 콩나물을 넣는다. 때로는 육수에 처음부터 콩나물을 넣어 삶듯이 끓이기도 한다. 육수와 콩나물을 적당히 뚝배기에 담고 밥을 한 주걱 인심 좋게 퍼서 뚝배기에 담는다.
 일제강점기를 거쳐 해방과 전쟁을 가난한 시절 콩나물국밥은 콩의 단백질을 섭취하고 더불어 비타민 C까지 함께 섭취할 수 있는 아주 값싸지만, 사람에게 좋은 영양분을 제공하는 식재료였다. 지금은 마트에 가면 잘 길러서 세척까지 완료한 깨끗한 콩나물이 봉지 안에 담겨 청결하게 판매하지만, 옛날에는 시장이나 동네 슈퍼에서 빨간색 고무통에서 키운 콩나물을 500원어치, 1,000원어치 하며 샀었다. "천 원어치 주세요."라고 콩나물을 파는 아주머니에게 말하면 통을 덮고 있는 천을 젖히고 노란색 콩나물 대가리들이 빼곡하게 오밀조밀 모여 있고 손으로 쏙쏙 뽑아 검은 비닐에 담아 주셨다. 집에 와서 콩나물의 콩 껍질을 잘 벗겨내고 깨끗이 씻어 다진 파와 마늘로만 양념하여 맑은 콩나물국을 끓여 먹곤 했다.

 날이 쌀쌀해지는 계절에 시장통에서 새벽부터 고되게 일을 하던 상인들이 전날의 취기를 덜고 새벽의 한기를 다스리기 위해 뜨끈한 국물이 있는 콩나물국밥을 즐겨 먹었다고 한다. 콩나물국밥은 전주의 향토 음식으로 전주에 있는 삼백집이라는 식당이 콩나물국밥의 원조다. 입천장이 델 듯 뜨끈한 콩나물국밥의 국물을 들이켜면 전날의 피곤함과 술기운이 한꺼번에 풀어지는 느낌에 인기가 많았다고 한다. 삼백집은 손님이 아무리 많아도 삼백 그릇만 팔아서 더욱 유명해졌다고 한다.

국밥을 더욱 특별하게 만들어주는 것이 바로 토렴이다. 솥에서 펄펄 끓고 있는 국물을 뚝배기에 넣었다가 다시 솥에 붓고 다시 뚝배기에 담았다가 솥에 붓는 이른바 토렴이라는 과정을 거친다. 토렴은 국밥이나 국수를 만들 때 국물의 따뜻함을 유지하기 위해 국물을 밥이나 국수에 부었다가 다시 따르고 다시 뜨거운 국물을 부어 음식의 온도를 높이고 국물이 잘 배어들게 하여 맛을 높이는 것을 목적으로 활용하던 방법이다. 콩나물국밥 외에도 돼지국밥이나 국수에도 사용되었다.

그러나 토렴은 뜨거운 국물을 다루어야 하기에 손에 화상을 입기 쉽다. 조심한다고 해도 국물을 퍼 올리고 다시 붓는 과정에서 뜨거운 기운이 손가락에 닿기 때문이다. 한 방송에서 오랫동안 돼지국밥의 토렴을 해온 분의 엄지손가락이 빨갛게 익은 모습을 본 적 있다. 그럼에도 토렴을 멈추지 않는 이유를 묻자 조금이라도 더 뜨끈한 국물이 있는 음식을 대접하고 싶기 때문이라고 주인은 답했다.

음식은 단순히 재료의 조합과 요리의 결과물만을 의미하는 것이 아니다. 국밥 한 그릇에도 만드는 이의 철학과 정성, 그리고 마음이 담기는 것이 음식이다. 토렴을 마친 뚝배기에는 솥에서 펄펄 끓은 콩나물국이 뜨끈하게 담긴다. 거기에 새우젓을 조금 넣고 취향껏 달걀 하나를 넣어 풀어서 걸쭉하게 먹든, 뚝배기 안에서 그냥 달걀이 다 익게 두었다가 맑은 국물로 먹으면 추운 겨울에 저렴하고 뜨끈하게 속을 채울 수 있는 콩나물국밥이다.

경제가 좋아지고 먹거리가 풍부하게 늘어났어도 콩나물국밥이 주는 느낌은 달라지지 않는다. 값싸지만 건강에 좋고 따뜻하게 몸과 마음을 채울 수 있는 음식이라는 그 느낌 말이다.

우리나라에서 콩나물을 먹기 시작한 것은 언제일까? 궁금해졌다. 우리나라에서 콩나물을 재배하기 시작한 것은 삼국시대 말에서 고려 초기로 추정한다. 고려시대를 열었던 태조가 식량부족으로 굶주리고 있던 군사들에게 콩을 냇물에 담가 불려 콩나물을 만들어 배불리 먹게 했다는 기록이 있다. 또, 우리가 익히 이름을 들어 잘 알고 있는 『동의보감』이나 『향약구급방』에도 콩나물을 먹었다는 기록을 찾아볼 수 있다. 한 음식이 긴 역사의 시간을 살아왔다는 것은 그 역사 속 사람들의 삶과 문화 안에서 꾸준히 소비되었다는 뜻이다. 맛과 영양의 면에서 사람들의 체험으로 좋은 평가를 받아 살아남았다는 뜻이기도 하다. 지금은 영양학적인 측면에서 단백질과 아스코르브산이라고 하는 수용성 비타민을 포함하고 있고 숙취 해소에 너무 좋다는 것을 대부분 알고 있지만, 이런 영양학적인 것을 측정하고 발견하기 전부터 콩나물국을 먹어왔다는 것에서 선조의 지혜를 느낄 수 있다.

사회는 점차 빠르게 변해가고 우리의 삶에도 변화의 속도에 맞추어 빠르게 그리고 정말 다양한 음식들이 놓이기 시작했다. 국적을 불문, 기원 불문의 다양한 음식들. 화려한 맛과 다양한 요리법으로 만들어진 음식의 홍수 속에서 우리의 밥상에서 빠지지 않고 늘 자리하던 음식들의 의미에 대해 생각할 수 있는 기회가 많이 줄어들고 있다. 어떠한 음식이든 그 안에는 음식을 만드는 이의 철학과 마음이 들어있다. 오래전 방영되었던 〈대장금〉이라는 드라마에서 주인공 장금이의 스승님인 한 상궁 마마는 한밤에 계속 물을 떠오라고 한다. 장금이는 계속 물을 떠다 주지만 한 상궁 마마는 답을 알려주지도 않고 계속 물을 떠 오라고만 시킬 뿐이다. 그러다 문득 장금이에게 한 마디 건넸다. "배가 살살 아프구나."라고 말이다. 그러자 장금이는 따뜻한 물을 떠 온다. 그 모습을 보고 한 상궁 마마는 장금이에게 이렇게 말한다. "무릇, 음식을 한다는 것은 그 음식을 먹는 사람의 몸과 마음을 헤아리는 일이다."라고 말이다. 모든 음식이 그렇다. 그 음식을 먹는 사람의 몸과 마음을 헤아리는 것. 그것을 우리는 정(情)이라고 한다. 우리가 먹은 음식이 우리를 만들었다는 말이 있듯, 우리가 오랫동안 먹어온 한식은 우리의 몸과 정신을 일구었다. 요리로서의 음식 외에도 음식을 만든 이의 정과 사랑을 먹고 오늘날의 나를 만들게 된 것이다. 늘 곁에 있는 우리의 한식을 조금 더 의미와 유래를 생각해 보고 좀 더 자주 함께 할 수 있게 노력하는 것이 중요하다.

작가의 말

작가의 말 • 명진

　'오늘은 뭐 먹지?'라는 고민을 매일 하지만, 항상 답이 다르다. 어느 날은 떡볶이가 먹고 싶고, 다음 날엔 감자탕이 당기기도 한다. 뭘 먹고 싶을지 정해 놓을 수 없듯이 어쩌면, 인생이란 시험지엔 정답이 없는 게 가장 정답일지도 모르겠다는 생각이 든다. 어느 날은 깔깔거리며 웃지만, 또 다른 순간엔 이유 없이 무기력해지기도 한다. 무엇이 먹고 싶은지 미리 정하지 못했던 것처럼, 어떤 마음이 찾아올지 미리 알 수 없어서 휘청이며 걸었다. 그때부터 글을 쓰기 시작했다. 어떤 마음이 찾아올지는 알 수 없지만, 좋았던 순간들을 하나씩 모아두고, 흔들리는 날이 찾아오면 펼쳐볼 지도를 만들어 두고 싶다. 슬픔은 슬픔대로, 기쁨은 기쁨 그 자체로 소중히 간직하며 사뿐사뿐 걸어가고 싶다. 일상의 작고 소중한 순간들이 삶 속에 스며들어 어떤 의미를 남기는지 돌이켜 본다. 그 속에서 따뜻한 배려를 전하던 일상의 영웅들을 오래도록 기억 저장소에 남겨두고 싶다. 그들과 함께했던 따뜻한 밥 한 그릇의 온기가 당신에게도 잘 전해지길 바라며,

작가의 말 • 소요

　추어탕이 생각날 때면 집에서 가까운 도서관을 찾는다. 도서관 가는 길에 추어탕 집이 있다. 감자탕으로 유명하지만 갈 때마다 추어탕을 시킨다. 먹고 나면 힘이 난다.

　찬 바람이 불기 시작하면 엄마는 여름에 땀 흘린 기를 보충해야 한다고 추어탕을 끓이셨다. 오일장에서 사 온 미꾸라지를 소쿠리에 담아 굵은소금을 뿌려 펄떡이는 그것을 기절시켰다. 삶과 죽음의 경계가 단 몇 분 만에 결정되는 순간을 목도하면서도 보양식이라며 맛있게 먹었다.

　음식이란 그런 것이다. 누군가를 위해 어느 한쪽이 희생하지 않으면 안 되는 것. 그것에 대한 고마움과 감사함을 잃지 않는 것. 사랑하는 사람을 위해 정성과 수고로움을 마다하지 않는 것. 그것을 맛있게 먹고 최선을 다해 오늘을 살아내는 것.

　밥상에는 단순히 음식만 오르는 게 아니다. 함께 먹는 사람의 온기, 눈빛, 언어, 향기가 함께 올라온다.

소요

작가의 말 • 심윤수

 전남 목포 출신 친정엄마에게 음식을 배웠다. 잘 만들지는 못해도 간은 잘 보는 간 장금이. 요즘의 음식은 공허하다. 마음과 정이 없기에 늘 허기진다. 음식은 그저 식재료의 결합이나 요리의 결과물만이 아니다. 음식에 정과 사랑이 없으면 그것은 그저 뱃속에서 소화만 될 뿐 마음을 채우고 위로하지 못한다. 마음을 채우는 따뜻한 한식의 의미를 소소하게 적었다. 우리 모두 따뜻한 밥 한 끼의 행복과 채움으로 삶도 채워나가기를

작가의 말 • 온아

 한국인이기에 아는 한식에 대한 정서와 기억이 있다. 우리가 공감하는 음식에 대한 이야기를 나누고픈 마음으로 짧은 소설을 썼다. 여느 소설처럼 등장인물이 강렬하거나 기승전결이 있는 것은 아니지만 편안하고 따뜻하게 읽혔으면 한다. 이야기에서 맛도 느낄 수 있다면 더할 나위 없이 기쁠 것이다.

 이야기를 적어 내리며 한식에는 우리의 삶을 포용해 주는 힘이 있다는 생각이 들었다. 찬바람이 유난히 매섭게 느껴지는 겨울날, 우리는 누구나 차갑게 얼은 몸과 마음을 데워줄 따뜻한 국물을 떠올린다. 국밥의 뜨끈함과 속이 든든함은 먹어봤기에 아는, 굳이 말로 표현하지 않아도 떠올리는 한식의 맛이다. 입안에서 느껴지는 싱겁다, 짜다, 달다, 맵다로 정의되는 맛이 아닌 한식에는 특유의 삶과 어우러지는 문화력이 있다.

 이 책에 담긴 따뜻한 한식 이야기들이 독자들의 마음에도 온기를 불어넣어 주기를 바란다.

온아 instagram @grim_on_a

작가의 말 • 읽고 걷는 최선화

 새벽감성 글쓰기에서 한 달 동안 '한식'을 소재로 글쓰기를 했다. 같은 소재로 다양하게 쏟아지는 글을 읽는 즐거움이 있던 한 달이었다. '한식'을 제재로 공저를 쓰자는 이야기가 나왔을 때 번쩍 손을 들었던 건 아직 못다 한 이야기가 남았다고 생각했기 때문이다. 글을 쓰면서 내가 하고 싶었던 이야기가 15년 전 세상을 떠난 아빠에 대한 그리움이라는 걸 알았다. 아빠를 생각하면 떠오르는 음식에 대한 글을 쓰면서 아빠와 함께했던 그 유년의 시간을 다녀왔다. 글을 마치고 나니 미처 담지 못했던 음식들이 떠오른다. 엄마가 만들어 주시던 손두부, 아빠가 끓여주던 비지찌개, 감자를 넣어서 끓인 수제비, 비 오는 날 더 맛있던 감자 부침개…. 15년이라는 시간이 지나면서 아빠를 많이 잊고 살았다고 생각했는데 그렇지 않다는 걸 알게 된 시간이다. 기회가 되면 못다 한 한식 이야기와 내가 사랑하는 또 다른 남자가 좋아하는 음식 이야기를 담아보고 싶다. 어쩌면 음식은 핑계이고 그 사람 이야기를 들려주고 싶은 건지도 모르겠다.

작가의 말 • 전지적 아아

 음식은 개인의 정체성이 잘 드러나는 매체다. 사람마다 음식 취향이 달라서, 맞춰가는 것도 쉽지 않고, 안 맞으면 친해지기도 쉽지 않다. 심지어 음식을 먹는 모습이나 취향으로 성격도 알 수 있다.

 그리고 음식은 그 사람의 과거다. 우리는 어떤 음식에 담긴 추억을 하나쯤 안고 산다. 첫사랑에게 주려고 몰래 딴 호두, 계층의 격차를 느끼게 했던 채끝 짜파구리, 헤어지는 자리에서 마셨던 자몽허니블랙티, 편의점에서 친구와 나눠 먹던 삼각김밥과 컵라면. 그 사이의 수많은 이야기들. 이런 것이 하나하나 쌓여 우리가 된다.

 결국 음식은 '나'라는 존재가 생존하기 위해 필요하고, '나'를 표현할 수 있으며, '우리'가 나눠 먹으면서 관계를 형성하고, '나'의 과거를 떠올릴 수 있는 매개체다. '나'이고 '너'이며 '사람'이고 '우리'다. 우리가 요리 예능에 열광하는 이유이기도 할 것 같다.

 이런 내용의 머리말을 쓰고 편집한 책을 만든 적이 있다. 그때 작가들에게 핀잔을 주던 나 자신을 반성하며 졸고 두 편을 미안한 마음으로 싣는다.

마음을 나누는 밥상, 함께 먹어요
닫는 글

맛있는 음식을 생각하면 추억이 떠오른다. 추억을 생각하면 맛있게 먹었던 그날의 음식이 떠오른다.

갈치조림. 감자탕, 김밥, 김치찌개, 닭 만둣국, 닭갈비, 된장찌개, 떡볶이, 미역국, 보리밥, 삼겹살, 삼계탕, 순대국밥, 육개장, 잔치국수, 잡채, 장칼국수, 칼국수, 콩나물국, 해물파전….

맛있는 음식이 하나씩 늘어나고, 추억의 순간들이 하나씩 채워지면, 그건 세월이다. 세상에 단 하나뿐인 나만의 추억의 레시피를 만들며, 그렇게 삶을 살아간다. 그리고 또 다른 추억을 위해 누군가와 마음을 나누는 밥상을 계속 이어가길 꿈꾼다.

"다음엔 함께 먹어요!"

명진, 소요, 심윤수, 온아, 읽고 걷는 최선화, 전지적 아아

한식, 맛있는 이야기

마음을 나누는 밥상,
함께 먹어요

마음을 나누는 밥상, 함께 먹어요

1판 1쇄 발행 | 2025년 2월 20일

지은이 | 명진, 소요, 심윤수, 온아, 읽고 걷는 최선화, 전지적 아아

편집.디자인 | 새벽감성
발행인 | 김지선
펴낸 곳 | 새벽감성, 새벽감성1집

출판등록 | 2016년 12월 23일 제2016-000098호
주소 | 서울 양천구 월정로50길 16-8, 1층 새벽감성1집
이메일 | book@dawnsense1zip.com
홈페이지 | dawnsense1zip.com
인스타그램 | @dawnsense_1.zip

*책값은 표지에 있습니다.
*잘못된 책은 구입처에서 교환해 드립니다.
*이 책의 사진과 글의 전부 또는 일부를 발췌하거나 인용하려면
반드시 새벽감성 출판사의 동의를 얻어야 합니다.